Torben Spille

# Das neue Vormundschaftsrecht

## Ausführungen zur Praxistauglichkeit

Bachelor + Master
Publishing

**Spille, Torben: Das neue Vormundschaftsrecht. Ausführungen zur Praxistauglichkeit, Hamburg, Diplomica Verlag GmbH 2012**
Originaltitel der Abschlussarbeit: Aktuelle Probleme des Vormundschaftsrechts unter besonderer Berücksichtigung des Gesetzes zur Änderung des Vormundschafts- und Betreuungsrechts.

ISBN: 978-3-86341-480-1
Druck: Bachelor + Master Publishing, ein Imprint der Diplomica® Verlag GmbH, Hamburg, 2012
Zugl. Kommunale Hochschule für Verwaltung in Niedersachsen, Hannover, Deutschland, Diplomarbeit, März 2012

**Bibliografische Information der Deutschen Nationalbibliothek:**
Die Deutsche Nationalbibliothek verzeichnet diese Publikation in der Deutschen Nationalbibliografie; detaillierte bibliografische Daten sind im Internet über http://dnb.d-nb.de abrufbar.

Die digitale Ausgabe (eBook-Ausgabe) dieses Titels trägt die ISBN 978-3-86341-980-6 und kann über den Handel oder den Verlag bezogen werden.

# Inhalt

| a. A. | anderer Ansicht |
|---|---|
| Abs. | Absatz |
| a. F. | alte Fassung |
| AG | Amtsgericht (mit Ortsnamen) |
| AGJ | Arbeitsgemeinschaft für Kinder- und Jugendhilfe |
| AGJÄ | Arbeitsgemeinschaft der Jugendämter der Länder Niedersachsen und Bremen |
| ALR | Allgemeines Landrecht für die Preußischen Staaten von 1794 |
| Alt. | Alternative |
| Art. | Artikel |
| ASD | Allgemeiner Sozialer Dienst |
| BayObLG | Bayerisches Oberstes Landesgericht |
| Bearb. | Bearbeiter |
| Begr. | Begründer |
| Beschl. | Beschluss |
| BGB | Bürgerliches Gesetzbuch |
| BGBl. I | Bundesgesetzblatt Teil I |
| BGHZ | Entscheidungen des Bundesgerichtshofs in Zivilsachen |
| BR-Drs. | Drucksache des Bundesrates |
| BT-Drs. | Drucksache des Deutschen Bundestages |
| BVerfGE | Entscheidungen des Bundesverfassungsgerichts |
| bzw. | beziehungsweise |
| ca. | circa |
| DAVorm | Der Amtsvormund, Monatsschrift des Deutschen Instituts für Vormundschaftswesen |

| | |
|---|---|
| DFGT | Kinderrechtekommission des Deutschen Familiengerichtstags e. V. |
| d. h. | das heißt |
| DIJuF | Deutsches Institut für Jugendhilfe und Familienrecht (DIJuF) e. V. |
| DV | Deutscher Verein für öffentliche und private Fürsorge e. V. |
| DW-EKD | Diakonisches Werk der Evangelischen Kirche in Deutschland e. V. |
| etc. | et cetera (und so weiter) |
| FamRZ | Zeitschrift für das gesamte Familienrecht |
| f. | folgende (Seite) |
| ff. | folgende (Seiten) |
| Fn. | Fußnote |
| gem. | gemäß |
| GG | Grundgesetz für die Bundesrepublik Deutschland |
| ggf. | gegebenenfalls |
| Hrsg. | Herausgeber |
| Hs. | Halbsatz |
| i. d. R. | in der Regel |
| i. S. | im Sinne |
| i. S. d. | im Sinne des |
| i. U. | im Umkehrschluss |
| i. w. S. | im weitesten Sinne |
| JAmt | Das Jugendamt, Monatsschrift des Deutschen Instituts für Jugendhilfe und Familienrecht e. V. |
| KJHG | Kinder- und Jugendhilfegesetz |
| LG | Landgericht (mit Ortsnamen) |
| n. Chr. | nach Christus |

| | |
|---|---|
| n. F. | neue Fassung |
| NJW | Neue Juristische Wochenschrift (Zeitschrift) |
| Nr. | Nummer |
| o. g. | oben genannten |
| OLG | Oberlandesgericht |
| OVG | Oberverwaltungsgericht |
| Pkt. | Punkt |
| PrVormO | Preußische Vormundschaftsordnung von 1875 |
| Rdnr. | Randnummer |
| RJWG | Reichsjugendwohlfahrtsgesetz |
| S. | Satz; Seite |
| s. | siehe |
| SGB VIII | Sozialgesetzbuch Achtes Buch – Kinder- und Jugendhilfe |
| sog. | sogenannte |
| SPD | Sozialdemokratische Partei Deutschlands |
| u. a. | unter anderem |
| Urt. | Urteil |
| v. | vom |
| vgl. | vergleiche |
| v. Chr. | vor Christus |
| z. B. | zum Beispiel |
| ZfJ | Zentralblatt für Jugendrecht und Jugendwohlfahrt |
| zit. | zitiert |
| ZKJ | Zeitschrift für Kindschaftsrecht und Jugendhilfe |
| z. T. | zum Teil |

| Literaturverzeichnis

**Bamberger, Heinz G./Roth, Herbert**: Kommentar zum Bürgerlichen Gesetzbuch, Band 3, §§ 1297–2385, EGBGB, 2. Auflage München 2008
zit.: *Bearb.* in Bamberger/Roth

**Beitzke, Günther** (Begr.): Familienrecht, 27. Auflage München 1999

**Bienwald, Werner**: Zur Auswahl von Vormündern und Pflegern durch das Jugendamt, ZfJ 1980, S. 497-508

**Chassé, Karl A./Wensierski, Hans-Jürgen von** (Hrsg.): Praxisfelder der sozialen Arbeit, 4. Auflage Weinheim 2008
zit.: Bearb. in Chassé/von Wensierski

**Christian, Ingeborg**: Der Einzelvormund und das Jugendamt, DAVorm 1983, S. 89-96, 183-195

**Coing, Helmut**: Europäisches Privatrecht 1800 bis 1914, Band II, München 1989

**Dethloff, Nina**: Familienrecht, 29. Auflage München 2009

**Deutsches Institut für Jugendhilfe und Familienrecht (DIJuF) e. V.**: Umsetzung des Gesetzes zur Änderung des Vormundschafts- und Betreuungsrechts, Unzulässigkeit einer Personalunion von Fachkräften im Pflegekinderdienst und Amtsvormund-/Pflegschaft, JAmt 2012, S. 35-37
zit.: DIJuF

**Deutsches Institut für Jugendhilfe und Familienrecht (DIJuF) e. V.**: Unzulässigkeit einer Delegation der persönlichen Aufgabenwahrnehmung eines Vormunds/Pflegers nach der Reform des Vormundschaftsrechts, JAmt 2011, S. 528-530
zit.: DIJuF

**Deutsches Institut für Jugendhilfe und Familienrecht (DIJuF) e. V.**: Fachstandards und Richtlinienkompetenz der Amtsleitung, Weisungsfreiheit des Amtsvormunds/der Amtsvormundin, JAmt 2011, S. 530-532
zit.: DIJuF

**Gernhuber, Joachim/Coester-Waltjen, Dagmar**: Familienrecht, 5. Auflage München 2006

**Gondolf, Yvonne**: Die Vormundschaft und Pflegschaft für Minderjährige, Ist eine Reform notwendig und wie sollte sie aussehen? Frankfurt a. M. 2008

**Hansbauer, Peter/Mutke, Barbara/Oelerich, Gertrud**: Vormundschaft in Deutschland, Trends und Perspektiven, Opladen 2004
zit.: Bearb. in Hansbauer/Mutke/Oelerich

**Hansbauer, Peter/Oelerich, Gertrud/Wunsch, Robert**: Perspektiven in der Vormundschaft, Erste Ergebnisse zur Struktur der Amtsvormundschaft und zur Ausbildung der Vormünder in den alten und neuen Bundesländern, JAmt 2002, S. 229-232.

**Hansbauer, Peter** (Hrsg.): Neue Wege in der Vormundschaft? Diskurse zu Geschichte, Struktur und Perspektiven der Vormundschaft, Münster 2002
zit.: Bearb. in Hansbauer

**Hansbauer, Peter**: Aktuelle Probleme in der Amtsvormundschaft/-pflegschaft und Perspektiven zu ihrer Überwindung, ZfJ 1998, S. 496-503

**Heider, Mirjam**: Die Geschichte der Vormundschaft seit der Aufklärung, Baden-Baden 2011

**Hoffmann, Birgit**: Der Regierungsentwurf eines Gesetzes zur Änderung des Vormundschafts- und Betreuungsrechts, FamRZ 2011, S. 249-254

**Hoffmann, Birgit**: Das Gesetz zur Änderung des Vormundschafts- und Betreuungsrechts, Neuerungen für gesetzliche Vertreter, Gerichte und Jugendämter, FamRZ 2011, S. 1185-1188

**Hoffmann, Birgit**: Strafrechtliche Verantwortung von Amtsvormündern bzw. – pflegern wegen Unterlassens, ZKJ 2007, S. 389-394

**Hoffmann, Birgit**: Perspektiven von Vormundschaft und Pflegschaft – Anregungen aus der Betreuung, JAmt 2005, S. 113-119

**Hohloch, Gerhard**: Familienrecht, Stuttgart 2002

**Hübner, Rudolf**: Grundzüge des deutschen Privatrechts, 5. Auflage Leipzig 1930

**Institut für soziale Arbeit (ISA) e. V.**: Studie zur Vormundschaft in Deutschland, Reformbedarf bei Amtsvormundschaften, Mangel an fachlichen Standards und verlässlicher Betreuung, JAmt 2005, S. 228-229
zit.: ISA

**Jauernig, Othmar** (Hrsg.): Bürgerliches Gesetzbuch, Kommentar, 14. Auflage München 2011
zit.: Bearb. in Jauernig

**Justin, Helmuth**: Die Vielfalt der Aufgaben in der Amtsvormundschaft – Notizen aus der Praxis, JAmt 2011, S. 305-307

**Katzenstein, Henriette**: Anmerkungen zum Regierungsentwurf zur Reform des Vormundschaftsrechts, JAmt 2010, S. 414-416

**Kaufmann, Ferdinand**: Das Jugendamt als Vormund und als Sozialleistungsbehörde – Probleme der Doppelfunktion, Zugleich ein Beitrag zur Kritik an jugendamtsinternen Organisationsstrukturen, DAVorm 1998, S. 481-492.

**Kunkel, Peter-Christian**: Wie frei ist der Amtsvormund? ZKJ 2011, S. 204-206

**Kunkel, Peter-Christian** (Hrsg.): Sozialgesetzbuch VIII, Kinder- und Jugendhilfe, Lehr- und Praxiskommentar, 3. Auflage Baden-Baden 2006
zit.: Bearb. in Kunkel

**Mitteis, Heinrich/Lieberich, Heinz**: Deutsche Rechtsgeschichte, 19. Auflage München 1992

**Münchener Kommentar zum Bürgerlichen Gesetzbuch**, Band 8, Familienrecht II, §§ 1589-1921, SGB VIII, 6. Auflage München 2012
zit.: Bearb. in MüKo

**Münder, Johannes u. a.**: Frankfurter Kommentar zum SGB VIII: Kinder- und Jugendhilfe, 5. Auflage Weinheim 2006
zit.: Münder u. a. in FK-SGB VIII

**Münder, Johannes/Mutke, Barbara/Schone, Reinhold**: Kindeswohl zwischen Jugendhilfe und Justiz, Professionelles Handeln in Kindeswohlverfahren, Münster 2000

**Oberloskamp, Helga** (Hrsg.): Vormundschaft, Pflegschaft und Beistandschaft für Minderjährige, 3. Auflage München 2010
zit.: Bearb. in Oberloskamp

**Oberloskamp, Helga**: Mehr Einzelvormünder/Einzelpfleger statt Amtsvormünder/Amtspfleger?, FamRZ 1988, S. 7-22

**Opitz, Jutta**: Amtsvormundschaft und Soziale Dienste – miteinander, gegeneinander oder wie? JAmt 2001, S. 315-322.

**Palandt, Otto** (Begr.): Bürgerliches Gesetzbuch, 71. Auflage München 2012
zit.: Bearb. in Palandt

**Planitz, Hans**: Grundzüge des deutschen Privatrechts, 3. Auflage Berlin 1949

**Rauscher, Thomas**: Familienrecht, 2. Auflage Heidelberg 2008

**Roth, Mechthild**: Ist bei Überlegungen zur Erziehung von Kindern außerhalb ihres Elternhauses das Institut der Vormundschaft von Bedeutung, insbesondere die Frage nach Einzelvormundschaft oder bestellter Amtsvormundschaft? DAVorm 1986, S. 15-20.

**Salgo, Ludwig/Zenz, Gisela**: (Amts-)Vormundschaft zum Wohle des Mündels - Anmerkungen zu einer überfälligen Reform, FamRZ 2009, S. 1378-1385

**Schellhorn, Walter** (Hrsg.): SGB VIII/KJHG, Sozialgesetzbuch Achtes Buch, Kinder- und Jugendhilfe, Ein Kommentar für Ausbildung, Praxis, Rechtsprechung und Wissenschaft, Neuwied 2000
zit.: Bearbeiter in Schellhorn

**Schleicher, Hans**: Jugend- und Familienrecht, 12. Auflage München 2007

**Schwab, Dieter**: Familienrecht, 17. Auflage München 2009

**Soergel Hans-Theodor**, Bürgerliches Gesetzbuch, Kommentar, Band 20, Familienrecht 4, §§ 1741-1921, 13. Auflage Stuttgart 2000
zit.: Bearb. in Soergel

**Staudinger, J. von**: Kommentar zum Bürgerlichen Gesetzbuch mit Einführungsgesetz und Nebengesetzen, Buch 4, Familienrecht, §§ 1773-1895, Berlin 2004
zit.: Bearb. in Staudinger

**Sünderhauf, Hildegund**: Fallzahlbingo: 30, 40 oder 50? Für wie viele Mündel kann eine Amtsvormundin in persönlicher Verantwortung die Pflege und Erziehung fördern und gewährleisten? Rechnerische Anmerkung zur Fallzahlobergrenze für Amtsvormundschaften in § 55 Abs. 2 S. 4 SGB VIII n. F., JAmt 2011, S. 293-299

**Sünderhauf, Hildegund**: Aus dem „Fall Kevin" lernen: Aktuelle Änderungen im Recht der Amtsvormundschaft, Stellungnahme zum Gesetzentwurf der Bundesregierung vom 25.08.2010 zur Änderung des Vormundschaftsrechts, JAmt 2010, S. 405-414

**Überregionale Arbeitskreis der Amtsvormünderinnen und Amtsvormünder**: Das Leistungsprofil der Amtsvormünderin und des Amtsvormundes, Arbeits- und Orientierungshilfe, DAVorm 1999, S. 545-564

**Uhlendorff, Uwe**: Geschichte des Jugendamtes, Entwicklungslinien öffentlicher Jugendhilfe 1871 bis 1929, Weinheim 2003

**Veit, Barbara/Salgo, Ludwig**: Der Regierungsentwurf zur Änderung des Vormundschaftsrechts – Eine Stellungnahme, ZKJ 2011, S. 82-85

**Wabnitz, Reinhard J.**: Grundkurs Familienrecht für die Soziale Arbeit, München 2006

**Westermann, Harm P./Grunewald, Barbara/Maier-Reimer, Georg** (Hrsg.): Erman Bürgerliches Gesetzbuch, Handkommentar, Band II, 13. Auflage Köln 2011
zit.: Bearb. in Erman

**Wiesner, Reinhard** (Hrsg.): SGB VIII, Kinder und Jugendhilfe, Kommentar, 4. Auflage München 2011
zit.: Bearb. in Wiesner

**Wiesner, Reinhard** (Hrsg.): SGB VIII, Kinder und Jugendhilfe, Kommentar, 3. Auflage München 2006
zit.: Bearb. in Wiesner 2006

**Wiesner, Reinhard**: Das Vormundschaftswesen und die Jugendhilfe – Anmerkungen zu einem besonderen Verhältnis, DAVorm 2000, S. 5-12

**Wolf, Christa**: Der Amtsvormund im Jugendamt, Einblicke und Ausblicke, DAVorm 2000, S. 283-294

**Zenz, Gisela**: Das Mündel und sein Vormund – Rechtliche Überlegungen zur Zukunft der Vormundschaft, DAVorm 2000, S. 365-376

**Zitelmann, Maud/Schweppe, Katja/Zenz, Gisela**: Vormundschaft und Kindeswohl, Forschung mit Folgen für Vormünder, Richter und Gesetzgeber, Köln 2004
zit.: Bearb. in Zitelmann /Schweppe/Zenz

**Zöpfel, Heinrich**: Deutsche Rechtsgeschichte, 3. Auflage Stuttgart 1858

| Verzeichnis der Internetquellen

**Arbeitsgemeinschaft für Kinder- und Jugendhilfe**: Referentenentwurf eines Gesetzes zur Änderung des Vormundschaftsrechts, Stellungnahme der Arbeitsgemeinschaft für Kinder- und Jugendhilfe – AGJ, *http://www.bundesgerichtshof.de/SharedDocs/Downloads/DE/Bibliothek/Geset zesmaterialien/17_wp/vormundschaft/stellung_agj.pdf?__blob=publicationFile*, 02.01.2012
zit.: AGJ-Stellungnahme

**Arbeitsgruppe „Familiengerichtliche Maßnahmen bei Gefährdung des Kindeswohls - § 1666 BGB"**, Abschlussbericht vom 14. Juli 2009, *http://sfbb.berlin-branden-burg.de/sixcms/media.php/5488/RS_G_4224_Ergebnisse_AG_Familiengerich tliche_Ma%C3%9Fnahmen_Anlage.pdf*, 04.12.2011
zit.: Abschlussbericht Familiengerichtliche Maßnahmen

**Bremische Bürgerschaft, Landtag**, Bericht des Untersuchungsausschusses zur Aufklärung von mutmaßlichen Vernachlässigungen der Amtsvormundschaft und Kindeswohlsicherung durch das Amt für Soziale Dienste, *http://www.sozialer-lebensbund.de/dokumente/2007_04_18_kevin_untersuchungsbericht.pdf*, 03.01.2012
zit.: Untersuchungsausschuss Kindeswohl

**Deutscher Bundestag**, Stenografischer Bericht 105. Sitzung vom 14.04.2011, Plenarprotokoll 17/105, *http://dipbt.bundestag.de/dip21/btp/17/17105.pdf*, 21.12.2011
zit.: Deutscher Bundestag, Plenarprotokoll 17/105

**Deutscher Verein für öffentliche und private Fürsorge e. V.**: Stellungnahme des Deutschen Vereins zum Referentenentwurf eines Gesetzes zur Änderung des Vormundschaftsrechts, *http://www.deutscher-verein.de/05-empfehlungen/empfehlungen_archiv/2011/DV%2030-11.pdf*, 02.01.2012
zit.: DV-Stellungnahme

**Deutsches Institut für Jugendhilfe und Familienrecht (DIJuF) e. V.**, Zur Umsetzung des Gesetzes zur Änderung des Vormundschafts- und Betreuungsrechts, Erste Hinweise vom 14. Oktober 2011, *http://www.dijuf.de/tl_files/downloads/2011/DIJuF-Hinweise_zur_Umsetzung_des_VormG_vom_14.10.2011.pdf*, 08.12.2011
zit.: DIJuF-Hinweise v. 14.10.2011

**Deutsches Institut für Jugendhilfe und Familienrecht (DIJuF) e. V.**, Stellungnahme vom 15. Juni 2011, Delegation von Aufgaben eines Vormunds/Pflegers nach der Reform des Vormundschaftsrechts, *http://www.dijuf.de/fachliche-hinweisestellungnahmen-des-dijuf.html*, 17.11.2011
zit.: DIJuF-Stellungnahme v. 15.06.2011

**Deutsches Institut für Jugendhilfe und Familienrecht (DIJuF) e. V.**, Joachim Beinkinstadt, Hinweise zur Anhörung im Rechtsausschuss des Deutschen Bundestages am 23. Februar 2011, Entwurf eines Gesetzes zur Änderung des Vormundschafts- und Betreuungsrechts, *http://www.dijuf.de/tl_files/downloads/2010/nachtraege/Hinweise_Beinkinstadt_v._23.02.2011.pdf*, 09.12.2011
zit.: Beinkinstadt

**Deutsches Institut für Jugendhilfe und Familienrecht (DIJuF) e. V.**, Hinweise vom 15.03.2010 zum Referentenentwurf zum Gesetz zur Änderung des Vormundschaftsrechts vom 04.12.2009, *http://www.dijuf.de/tl_files/downloads/2010/nachtraege/DIJuF-Hinweise_zum_RefE_VormR_v._15.03.2010.pdf*, 01.09.2011
zit.: DIJuF-Stellungnahme

**Diakonisches Werk der Evangelischen Kirche in Deutschland e. V.**: Stellungnahme vom 12.03.2010 zum Referentenentwurf für ein Gesetz zur Änderung des Vormundschaftsrechts, *http://www.diakonie.de/Stellungnahme_DW_Vormundschaftsrecht-100312.pdf*, 02.01.2012
zit.: DW-EKD-Stellungnahme

**Kinderrechtekommission des Deutschen Familiengerichtstags e. V.**: Stellungnahme der Kinderrechtekommission zum Regierungsentwurf eines Gesetzes zur Änderung des Vormundschafts- und Betreuungsrechts BR-Drucks. 537/10 = BT-Drucks. 17/3617,
*http://www.bundestag.de/bundestag/ausschuesse17/a06/anhoerungen/archiv/06_Vormundschaftsrecht/04_Stellungnahmen/Stellungnahme_Veit.pdf,*
03.01.2012
zit.: DFGT-Stellungnahme zum Regierungsentwurf

**Kinderrechtekommission des Deutschen Familiengerichtstags e. V.**: Stellungnahme vom 30.03.2010 zum Referentenentwurf eines Gesetzes zur Änderung des Vormundschaftsrechts,
*http://www.dfgt.de/resources/Stellungnahme_Vormundschafts_ReformG.pdf,*
02.01.2012
zit.: DFGT-Stellungnahme zum Referentenentwurf

**Mutke, Barbara**: Die Aufgabenwahrnehmung von Amtsvormündern und – pflegern als professionelle Interessenvertretung von Kindern und Jugendlichen, Dissertation,
*http://opus.kobv.de/tuberlin/volltexte/2006/1190/pdf/mutke_barbara.pdf,*
07.11.2011
zit.: Mutke

**Stadt Osnabrück, Fachbereich für Kinder, Jugendliche und Familien**, Mix, Sachverständigenanhörung am 23.02.2011 zur Änderung des Vormundschaftsrechts,
*http://www.dijuf.de/tl_files/downloads/2010/nachtraege/Mix_StN_RegE_Vorm AendG_BT-Anhoerung_23.02.2011.pdf, 09.12.2011*
zit.: Mix

**Statistisches Bundesamt**, Statistiken der Kinder- und Jugendhilfe 2010, Pflegschaften, Vormundschaften, Beistandschaften, Pflegeerlaubnis, Sorgerechtsentzug, Sorgeerklärungen,
*http://www.destatis.de/jetspeed/portal/cms/Sites/destatis/Internet/DE/Content/ Publikationen/Fachveroeffentlichungen/Sozialleistungen/ KinderJugendhilfe/PflegeVormundBeistandschaftPflegeerlaubnis5225202107004,property=file. pdf, 05.01.2012*
zit.: Statistisches Bundesamt, Statistiken der Kinder- und Jugendhilfe 2010

# Anlagenverzeichnis

# 1 Staatliche Fürsorgeeinrichtungen (Einleitung)

Nicht alle Menschen sind in der Lage, ihre Angelegenheiten selbst zu besorgen. Neben körperlichen oder geistigen Gebrechen können auch rechtliche Hemmnisse die Ursache sein. Minderjährige stehen nicht zuletzt deshalb unter elterlicher Sorge.[1] Bricht die elterliche Sorge weg, z. B. weil die Eltern versterben, ist es gemeinverständlich, dass Kinder[2] nicht einfach sich selbst überlassen bleiben können. Der Gesetzgeber hat für solche oder ähnliche Situationen Fürsorgeinstitutionen geschaffen. Es kann grob zwischen der Fürsorge für Minderjährige und der Fürsorge für Volljährige differenziert werden.[3]

Für Minderjährige kann eine *Vormundschaft* eingerichtet werden. Diese begründet die umfassende Sorge, d. h. die Personensorge, die Vermögenssorge und die rechtliche Vertretung des Kindes, sofern dessen Eltern die Aufgabe nicht, auch nicht teilweise, wahrnehmen können.[4] Die Definition, wonach Vormundschaft eine auf Dauer gerichtete Erziehung und Vermögensfürsorge für elternlose Kinder darstellt[5] ist insofern nicht ganz treffend, als dass die Erziehung des Mündels neben der Pflege, Beaufsichtigung und Aufenthaltsbestimmung nur ein Kernbereich der Personensorge ist.[6]

Geht es um Volljährige, die z. B. infolge körperlicher oder seelischer Behinderung einzelne Angelegenheiten oder die Gesamtheit ihrer Angelegenheiten nicht oder nicht alleine[7] besorgen können, kommt die *Betreuung* in Betracht.[8] Die Betreuung ist eine rein rechtliche Tätigkeit für den Betreuten.[9] Während der Vormund das gesamte Sorgerecht für sein Mündel hat, wird der Betreuer nur innerhalb eines eingegrenzten Aufgabenkreises tätig.[10] Eine Vormundschaft über Volljährige gibt es in Deutschland seit 1992 nicht mehr.[11]

---

[1] Elterliche Erziehungsverantwortung gem. Art. 6 Abs. 2 S. 1 GG, §§ 1626 Abs. 1, 1629 Abs. 1 S. 1 BGB, § 1 Abs. 2 S. 1 SGB VIII.
[2] Wenn im Folgenden von Kindern die Rede ist, sind Jugendliche gleichermaßen bzw. Minderjährige i. S. d. § 2 BGB i. U. schlechthin gemeint.
[3] Vgl. *Oberloskamp* in Oberloskamp, § 1 Rdnr. 37.
[4] §§ 1626 Abs. 1, 1629 BGB; *Wagenitz* in MüKo, Vor § 1773 Rdnr. 2.
[5] So jedenfalls *Diederichsen* in Palandt, Einleitung vor § 1773 Rdnr. 1.
[6] Vgl. § 1631 Abs. 1 BGB; vgl. *Diederichsen* in Palandt, § 1626 Rdnr. 9.
[7] *Schleicher*, S. 356.
[8] § 1896 Abs. 1 S. 1 BGB.
[9] *Berger/Mansel* in Jauernig, §§ 1896–1908a Rdnr. 14.
[10] *Wagenitz* in MüKo, Vor § 1773 Rdnr. 3.
[11] Betreuungsgesetz (BtG) v. 12.09.1990, BGBl. I S. 2002; *Schwab*, § 77 Rdnr. 872; *Gernhuber/Coester-Waltjen*, § 70 Rdnr. 1; vgl. *Rauscher*, § 41 Rdnr. 1267, § 39 Rdnr. 1193.

Die *Pflegschaft* als Fürsorgeinstitution für Minderjährige und Volljährige kommt der Vormundschaft gleich. Wesentlicher Unterschied ist jedoch, dass die Pflegschaft grundsätzlich nur einzelne bzw. einen begrenzten Kreis von Angelegenheiten berührt.[12]

Während das Betreuungsrecht in jüngster Vergangenheit mehrfach reformiert wurde,[13] war das Vormundschaftsrecht bisher eine Art *„terra incognita"*.[14] Dies, obwohl die Fachwelt schon seit langer Zeit eine umfassende Reform insistierte.[15] War im Jahr 1997 die damalige Bundesregierung noch der Ansicht, ein Änderungsbedarf in diesem Bereich dürfe nicht überbewertet werden,[16] haben vor allem die tragischen Todesfälle von Kindern, die unter Amtsvormundschaft standen - beispielhaft sei der „Fall Kevin" aus Bremen angeführt -[17] das Bewusstsein von Politik und Fachöffentlichkeit inzwischen verändert. Die vorliegende Arbeit befasst sich daher mit dem Institut der Minderjährigen-Vormundschaft und erläutert die wesentlichen aktuellen Probleme im Vormundschaftsrecht. Mit den gewonnenen Erkenntnissen sollen das Gesetz zur Änderung des Vormundschafts- und Betreuungsrechts vom 29. Juni 2011[18] und die damit einhergehenden Auswirkungen für die Praxis kritisch bewertet werden. Das Gesetz sieht die Anhörung des Kindes vor Übertragung der Vormundschaft, eine Begrenzung der Fallzahl für den Amtsvormund und die Pflicht des Vormunds, seine Mündel im Regelfall monatlich zu treffen, vor. Ausgangsfragestellung ist, inwieweit das Gesetz Probleme angeht, welche Probleme möglicherweise weiterhin bestehen und welche Schwierigkeiten sich bei der Umsetzung des Gesetzes ergeben (könnten). Lösungsansätze zur Behebung der Problemlagen werden indes nicht geliefert. Diese sind von der Praxis und der Rechtssprechung zu entwickeln. Ziel ist vielmehr der Er-

---

[12] *Wagenitz* in MüKo, Vor § 1773 Rdnr. 4; *Diederichsen* in Palandt, Einleitung vor § 1773 Rdnr. 1; *Schwab*, § 85 Rdnr. 900.
[13] Vgl. Gesetz zur Änderung des Betreuungsrechts sowie weiterer Vorschriften (Betreuungsrechtsänderungsgesetz - BtÄndG) v. 25.06.1998, BGBl. I S. 1580; vgl. 2. BtÄndG v. 21.04.2005, BGBl. I S. 1073; vgl. Drittes Gesetz zur Änderung des Betreuungsrechts v. 29.07.2009, BGBl. I S. 2286.
[14] *Salgo/Zenz*, FamRZ 2009, S. 1378; *Hansbauer/Oelerich/Wunsch*, JAmt 2002, S. 229; vgl. *ISA*, JAmt 2005, S. 228.
[15] DV-Stellungnahme, S. 2; AGJ-Stellungnahme, S. 2; *Salgo/Zenz*, FamRZ 2009, S. 1378; *Zenz*, DAVorm 2000, S. 365.
[16] BT-Drs. 13/7158, S. 19.
[17] Am 10.10.2006 wurde der 2-jährige Kevin K. tot in der Wohnung seines (Zieh-)Vaters aufgefunden. Todesursache waren Misshandlungen. Kevin hatte einen Amtsvormund.
[18] BGBl. I S. 1306.

kenntnisgewinn, ob weitere Reformen im Vormundschaftsrecht angezeigt er-
scheinen und wenn ja, in welcher Hinsicht.

## 2 Theoretische Untersuchungen

### 2.1 Exzerpt aus der historischen Entwicklung der Vormundschaft in Deutschland

Das heute geltende Vormundschaftsrecht ist geprägt von einem langen Entwicklungsprozess. Bereits in der germanischen Zeit[19] ist mit der sog. *Munt* eine Institution auszumachen, die Parallelen zur heutigen Vormundschaft hat.[20] Die Munt war das Recht der Sippe, Herrschaft über die Sippenangehörigen auszuüben. Die Herrschaft war eng verknüpft mit einer Schutzpflicht.[21] Die Munt erfasste u. a. vaterlose Kinder[22] und diente in erster Linie dazu, das Familienvermögen zu erhalten, denn es wurde befürchtet, dass die unselbständigen Sippenmitglieder das Vermögen verschwenden, würde man sie sich selbst überlassen.[23] In tatsächlicher Hinsicht übte ein einzelnes Sippenmitglied die Munt aus.[24] Rechtliche Vertretung des *Muntlings*, persönliche Sorge und die Gewährleistung dieser fielen dadurch stets zusammen.[25] Die Aufsicht und Kontrolle über die Munt stand der gesamten Sippe zu.[26]

Der Begriff *Vormundschaft* tauchte erstmals im 13. Jahrhundert auf.[27] Dort übernahmen auch der König und die Städte die Obervormundschaft, also die Aufsicht und Kontrolle über die Vormundschaft.[28] Zwar rückte damit die Fürsorge des Mündels stärker in den Mittelpunkt,[29] der Vormund durfte sein Amt aber nur noch dann antreten, wenn der Staat ihn offiziell in das Amt eingesetzt hatte.[30] Überhaupt wurden die staatlichen Kompetenzen im Bereich der Vormundschaft immer stärker ausgebaut.[31] Die Vormundschaft, die bisher als private Schutzgewalt innerhalb der Familie galt, hatte sich alsbald zu einem öffentlichen Amt gewandelt.[32] Getragen war diese Entwicklung von dem Grundgedanken, dass das Mündel ein Pflegebefohlener des Staates sei und

---

[19] Ca. 100 v. Chr. bis ca. 500 n. Chr.
[20] Vgl. *Hansbauer* in Hansbauer, S. 14.
[21] *Hansbauer* in Hansbauer, S. 19; *Mitteis/Lieberich*, S. 25.
[22] *Wagenitz* in MüKo, Vor § 1773 Rdnr. 7; zit. nach *Hübner*, S. 716.
[23] Zit. nach *Hübner*, S. 718.
[24] *Oberloskamp* in Oberloskamp, § 1 Rdnr. 12.
[25] Vgl. *Hansbauer* in Hansbauer, S. 18.
[26] *Wagenitz* in MüKo, Vor § 1773 Rdnr. 7.
[27] Zit. nach *Zöpfel*, § 90b I.
[28] *Oberloskamp* in Oberloskamp, § 1 Rdnr. 14.
[29] Zit. nach *Planitz*, S. 214.
[30] Zit. nach *Coing*, S. 329.
[31] *Hansbauer* in Hansbauer, S. 20.
[32] *Heider*, S. 17; vgl. *Hansbauer* in Hansbauer, S. 19.

der Vormund die Mündelinteressen vertretungsweise für den Staat wahrzunehmen habe.[33] Die (familiäre) Einzelvormundschaft jedoch setzte sich bis ins 18./19. Jahrhundert hinein durch und schlug sich auch im Allgemeinen Landrecht für die Preußischen Staaten von 1794 (ALR) sowie in der Preußischen Vormundschaftsordnung von 1875 (PrVormO) nieder. Im ALR schon war die Personensorge gegenüber der Vermögenssorge vorrangig: die Erziehung des Mündels zu „tugendhaften und brauchbaren"[34] Bürgern sollte das Wohl der Gemeinschaft sichern.[35] Der Schwerpunkt der Erziehung allerdings war in die Hände des obervormundschaftlichen Gerichts gelegt, der Einfluss der Familie inzwischen auf das notwendigste Maß beschnitten.[36] Erst die PrVormO stärkte wieder die unabhängige Stellung des Vormunds,[37] eine direkte Einflussnahme in erzieherischen Fragen war dem Gericht nicht mehr möglich,[38] wenngleich die Kontrolle der Obrigkeit nicht gänzlich beseitigt wurde.[39] Doch wurde der Vormund nicht mehr als Beauftragter des Staates, sondern als Stellvertreter des Mündels angesehen.[40] Die PrVormO schuf gleichsam das Prinzip der Parteilichkeit, demzufolge sich alle Maßnahmen ausschließlich am Wohl und Interesse des Mündels orientieren mussten.[41] Innerhalb der PrVormO gab es hinsichtlich der Auswahl des Vormunds eine festgelegte Reihenfolge der zu berücksichtigenden Verwandten.[42]

Dem Prinzip der Einzelvormundschaft stand mit der Industrialisierung[43] und der damit einhergehenden Binnenwanderung vermehrt das Problem gegenüber, dass durch das Schwinden großfamiliärer Strukturen nicht mehr ausreichend Einzelvormünder aus der Familie heraus gewonnen werden konnten. In zunehmender Anzahl wurden daher fremde Personen zum Vormund bestellt, die größtenteils nur die rechtlichen Befugnisse der elterlichen Gewalt übernahmen. Rechtliche Vertretung und tatsächliche Personensorge fielen damit auseinander.[44] Das Fehlen einer persönlichen Bindung zwischen Vormund und Mündel verhinderte eine wirksame Wahrnehmung der Mündelinteressen

---

[33] *Heider*, S. 63; *Hansbauer* in Hansbauer, S. 21.
[34] Zit. nach ALR II Tit. 18 § 311.
[35] *Heider*, S. 58.
[36] *Heider*, S. 61.
[37] *Heider*, S. 158; *Oberloskamp* in Oberloskamp, § 1 Rdnr. 15.
[38] *Heider*, S. 165.
[39] *Heider*, S. 161.
[40] *Heider*, S. 164.
[41] *Hansbauer* in Hansbauer, S. 25.
[42] *Heider*, S. 165.
[43] Beginn der Industrialisierung in Deutschland um 1815.
[44] *Hansbauer* in Hansbauer, S. 26.

und der Schutz der Mündel war nur noch bedingt gewährleistet. Ende des 19. Jahrhunderts wurde daher die Generalvormundschaft eingeführt. Durch sie unterlagen alle Mündel der Aufsicht einer Ziehkinderanstalt, ungeachtet dessen, ob sie sich in Pflege oder bei der Mutter befanden. Damit kümmerten sich erstmals behördliche Mitarbeiter berufsmäßig um das Wohl der Kinder.[45]

Zum Zeitpunkt des Inkrafttretens des an die PrVormO weitgehend angelehnten[46] Bürgerlichen Gesetzbuches (BGB) am 1. Januar 1900 dominierte weiterhin die Einzelvormundschaft, nur vereinzelt gab es Generalvormundschaften. Eine signifikante Änderung diesbezüglich brachte das im Frühjahr 1924 in Kraft getretene Reichsjugendwohlfahrtsgesetz (RJWG) mit sich. Jenes sah die Schaffung von Jugendämtern vor, welche fortan qua Gesetz Amtsvormünder der nicht in ehelicher Gemeinschaft geborenen Kinder wurden.[47] Die Berufsvormundschaft wurde durch die Amtsvormundschaft größtenteils verdrängt.[48] Eine gänzliche Neuausrichtung hat das Recht der Minderjährigen-Vormundschaft seit Inkrafttreten des BGB dennoch nicht erfahren. Umfassende jüngere Reformen im Familienrecht haben dieses Rechtsinstitut nicht erfasst, so dass besonders das Vormundschaftsrecht des BGB der Substanz nach seit 1900 beinahe unverändert gilt.[49] Dabei hatte der Bundesrat bereits im Jahr 1989 auf das Erfordernis einer Neufassung der Vormundschaft für Minderjährige hingewiesen.[50] Jüngst ist das Gesetz zur Änderung des Vormundschafts- und Betreuungsrechts teilweise in Kraft getreten.

## 2.2 Rechtliche Grundlagen

### 2.2.1 Voraussetzungen der Vormundschaft

Die Voraussetzungen für die Begründung einer Vormundschaft nennt § 1773 BGB.[51] Demnach ist grundlegende Prämisse, dass Minderjährigkeit vorliegt.[52]

---

[45] *Uhlendorff*, S. 126; *Hansbauer* in Hansbauer, S. 28.
[46] *Heider*, S. 188; *Oberloskamp* in Oberloskamp, § 1 Rdnr. 17.
[47] *Oberloskamp* in Oberloskamp, § 1 Rdnr. 25; zit. nach *Hübner*, S. 721.
[48] Vgl. *Hansbauer* in Hansbauer, S. 33.
[49] BT-Drs. 11/4528, S. 46; *Heider*, S. 226; *Dethloff*, § 16 Rdnr. 2; *Zenz* in Zitelmann/Schweppe/Zenz, S. 13; *Zenz*, DAVorm 2000, S. 365.
[50] BT-Drs. 11/4528, S. 203.
[51] Alle nachfolgend genannten §§ sind solche des BGB, soweit nicht ausdrücklich ein anderes Gesetz gemeint ist.
[52] *AG Freising*, Beschl. v. 10.07.2000, FamRZ 2001, S. 1317-1319; *Berger/Mansel* in Jauernig, § 1773 Rdnr. 1.

Sodann erhält der Minderjährige[53] in den drei folgenden Fallkonstellationen einen Vormund:

1. Der Minderjährige steht nicht unter elterlicher Sorge.[54]

Dies liegt vor, wenn beide Elternteile verstorben sind bzw. für tot erklärt wurden oder den Eltern die elterliche Sorge entzogen wurde.[55] Außerdem auch dann, wenn bei bisheriger gemeinsamer Sorge ein Elternteil verstirbt und dem anderen Elternteil die elterliche Sorge entzogen wurde. Darüber hinaus steht der Minderjährige nicht unter elterlicher Sorge, wenn zwar beide Elternteile vorhanden sind, aber nur einem Elternteil die elterliche Sorge allein zustand, dieser Elternteil sorgerechtlich ausfällt und die Übertragung des Sorgerechts auf den anderen Elternteil dem Wohl des Kindes zuwider laufen würde.[56]

2. Die Eltern sind in Angelegenheiten der Personen- und der Vermögenssorge zur Vertretung des Minderjährigen nicht berechtigt.[57]

Ein solcher Fall ist gegeben, wenn den Eltern bzw. dem allein sorgeberechtigten Elternteil das Recht zur Vertretung des Kindes nach § 1666 Abs. 1 entzogen wurde oder die elterliche Sorge wegen rechtlichem oder tatsächlichem Unvermögen längerfristig und gänzlich ruht.[58]

3. Der Familienstand des Minderjährigen ist nicht zu ermitteln.[59]

Hierunter fallen sog. Findelkinder sowie minderjährige Flüchtlinge, die nicht in Begleitung ihrer Eltern sind.[60]

Hinsichtlich der Vormundschaft werden verschiedene Arten differenziert, die im Folgenden vorgestellt werden.

---

[53] Die der besseren Lesbarkeit wegen gewählte männliche Form steht analog für die weibliche.

[54] § 1773 Abs. 1 Alt. 1 BGB.

[55] *Wagenitz* in MüKo, § 1773 Rdnr. 6; *Diederichsen* in Palandt, § 1773 Rdnr. 2; *Berger/Mansel* in Jauernig, § 1773 Rdnr. 2; *Bettin* in Bamberger/Roth, § 1773 Rdnr. 2; *Blandow* in Chassé/von Wensierski, S. 189; *Rauscher*, § 39 Rdnr. 1193; *Gernhuber/Coester-Waltjen*, § 70 Rdnr. 2.

[56] § 1680 Abs. 2 S. 2 BGB i. U.

[57] § 1773 Abs. 1 Alt. 2 BGB.

[58] *Wagenitz* in MüKo, § 1773 Rdnr. 6; *Diederichsen* in Palandt, § 1773 Rdnr. 3.

[59] § 1773 Abs. 2 BGB.

[60] *Wagenitz* in MüKo, § 1773 Rdnr. 13; *Diederichsen* in Palandt, § 1773 Rdnr. 4; *Berger/Mansel* in Jauernig, § 1773 Rdnr. 3; *Bettin* in Bamberger/Roth, § 1773 Rdnr. 5; *Gondolf*, S. 34.

### 2.2.2 Arten der Vormundschaft

### 2.2.2.1 Einzelvormund

Die Einzelvormundschaft ist die vom Gesetzgeber favorisierte Form der Vormundschaft und daher gegenüber einer Vereins- oder Amtsvormundschaft vorrangig anzustreben.[61] Dem Gesetzgeber schwebt hierbei an erster Stelle eine Privatperson vor, die das Amt *ehrenamtlich* und somit *unentgeltlich* bekleidet.[62] Ursprünglich ging der Gesetzgeber davon aus, dass Verwandte oder der Familie nahe stehende Freunde das Amt übernehmen.[63] Die Praxis zeigt jedoch, dass die Bereitschaft zur Übernahme einer Einzelvormundschaft schwindend gering ist.[64] Offenbar reichen schlichte Normierungen, wonach das Jugendamt dem Familiengericht einzelfallbezogen zum Vormund geeignete Personen und Vereine vorzuschlagen[65] oder jährlich zu prüfen hat, ob die Entlassung als Amtsvormund und die Bestellung einer Einzelperson oder eines Vereins angezeigt ist[66], nicht aus.[67]

### 2.2.2.2 Amtsvormund

Ist das Jugendamt Vormund, liegt Amtsvormundschaft vor. Es werden gesetzliche und bestellte Amtsvormundschaft differenziert. Gesetzlicher Amtsvormund wird das Jugendamt entweder nach Einwilligung der Eltern in die Adoption ihres Kindes oder mit der Geburt eines Kindes, dessen Eltern nicht miteinander verheiratet sind und das eines Vormunds bedarf. Eines Vormunds bedarf das Kind, wenn die Kindesmutter selbst noch minderjährig und damit nicht voll geschäftsfähig ist oder bei der Geburt ihres Kindes verstorben ist und weder eine Sorgeerklärung abgegeben[68] noch vor der Geburt des Kindes ein Einzelvormund bestellt wurde.[69]

---

[61] §§ 1791a Abs. 1 S. 2 Alt. 1, 1791b Abs. 1 S. 1, 1887 Abs. 1 BGB; § 56 Abs. 4 SGB VIII; BT-Drs. 17/3617, S. 6; *BVerfGE* 54, 251 (266); *LG Flensburg*, Beschl. v. 18.02.2000, FamRZ 2001, S. 445-446; a. A.: *OLG Köln*, Beschl. v. 04.08.1995, DA-Vorm 1995, S. 1060-1064.
[62] *Oberloskamp* in Oberloskamp, § 1 Rdnr. 48; *Dethloff*, § 16 Rdnr. 9; *Salgo/Zenz*, FamRZ 2009, S. 1381.
[63] *Dethloff*, § 16 Rdnr. 9; *Schwab*, § 79 Rdnr. 879; *Zenz* in Zitelmann/Schweppe/Zenz, S. 14.
[64] *Schwab*, § 79 Rdnr. 879; vgl. *Dethloff*, § 16 Rdnr. 9.
[65] § 53 Abs. 1 SGB VIII.
[66] § 56 Abs. 4 SGB VIII.
[67] *Zenz* in Zitelmann/Schweppe/Zenz, S. 16; *Wiesner* in Hansbauer, S. 48.
[68] § 1626a Abs. 1 Nr. 1 BGB.
[69] § 1791c Abs. 1 S. 1 Hs. 2 BGB.

Das Jugendamt kann außer in den Fällen, in denen es kraft Gesetz Amtsvormund wird, vom Familiengericht zum Vormund bestellt werden, wenn eine als ehrenamtlicher Einzelvormund geeignete Person nicht vorhanden ist.[70] Die Aufgabe als Amtsvormund überträgt die Behörde einem ihrer Beamten oder Angestellten.[71] Dennoch bleibt die Behörde selbst gesetzlicher Vertreter.[72] Insofern ist § 55 Abs. 2 S. 3 SGB VIII[73] redaktionell missverständlich formuliert.[74] Eine Eignungsprüfung des Vormunds i. S. d. § 1779 Abs. 2 erfolgt nicht, so dass die Eignung des Amtsvormunds unterstellt wird.[75] Die bestellte Amtsvormundschaft kann jedoch nur eine Art Übergangslösung sein.[76]

Die Mehrzahl der heutigen Vormundschaften wird als Amtsvormundschaft geführt.[77] Schätzungen gehen von ca. 80 % aus.[78] Ende 2010 standen bundesweit 37.855 Minderjährige unter Amtsvormundschaft, davon 6.478 (17,1 %) unter gesetzlicher Amtsvormundschaft und 31.377 (82,9 %) unter bestellter Amtsvormundschaft.[79]


### 2.2.2.3 Berufsvormund

Die geringe Anzahl geeigneter Einzelvormünder im Kontext mit einer exorbitant hohen Arbeitsbelastung der Amtsvormünder hat in der Konsequenz dazu geführt, dass Familiengerichte in nicht unerheblichen Maße Vormundschaften an Berufsvormünder übertragen haben.[80] Dadurch, dass der Gesetzgeber

---

[70] § 1791b Abs. 1 S. 1 BGB; § 55 Abs. 1 SGB VIII.
[71] § 55 Abs. 2 S. 1 SGB VIII.
[72] *BGHZ*, Beschl. v. 20.06.1966, NJW 1966, S. 1808-1810; vgl. *Kunkel*, ZKJ 2011, S. 204.
[73] In der neuen Fassung ab 05.07.2012 § 55 Abs. 3 S. 2 SGB VIII.
[74] *Wagenitz* in MüKo, § 1791b Rdnr. 10.
[75] *Wolf*, DAVorm 2000, S. 286.
[76] *Rauscher*, § 39 Rdnr. 1199; vgl. *Schellhorn* in Schellhorn, § 55 Rdnr. 9; vgl. *Roth*, DAVorm 1986, S. 15.
[77] BT-Drs. 11/6576, S. 140; *Hoffmann* in Oberloskamp, § 6 Rdnr. 5; *Dethloff*, § 16 Rdnr. 3; *Hoffmann*, JAmt 2005, S. 116; *Hansbauer/Mutke* in Hansbauer/Mutke/Oelerich, S. 41; *Hansbauer*, S. 48; *Münder/Mutke/Schone*, S. 71f.; Abschlussbericht Familiengerichtliche Maßnahmen, S. 41; vgl. *Opitz*, JAmt 2001, S. 317. Das Statistische Bundesamt (Wiesbaden) erhebt seit 1981 nur noch Daten zu den Amtsvormundschaften. Daten zu Gesamtvormundschaften, Einzelvormundschaften etc. werden nicht mehr geliefert. Eine Darstellung des Verhältnisses der Einzelvormundschaften zu den Gesamtvormundschaften basierend auf den Zahlen bis 1981 erscheint wegen der Überalterung nicht mehr sinnvoll, so dass ein Verlass auf die Aussagen aus Literatur und Praxis angezeigt ist.
[78] *Hansbauer/Mutke* in Hansbauer/Mutke/Oelerich, S. 50; *ISA*, JAmt 2004, S. 228.
[79] *Statistisches Bundesamt*, Statistiken der Kinder- und Jugendhilfe 2010, S. 5.
[80] *BVerfGE*, Urt. v. 01.07.1980, NJW 1980, S. 2179-2181; *Gernhuber/Coester-Waltjen*, § 70 Rdnr. 8.

nachträglich den Vorrang eines *ehrenamtlich* tätigen Einzelvormunds normiert hat, sind Berufsvormünder gegenüber einem Verein bzw. dem Jugendamt nicht als vorrangig zu betrachten.[81] Dass hierin eine Bevorzugung der Amtsvormundschaft und somit Defizite, wie etwa die Tatsache, dass Amtsvormünder für Hunderte von Fällen gleichzeitig zuständig sind, weiter fundamentiert werden[82] ist insoweit nicht richtig, als dass Berufsvormünder eine ebenso große Anzahl von Fällen betreuen. Nicht selten kommt es vor, dass spezialisierte Rechtsanwälte bis zu 250 Mündel gleichzeitig betreuen.[83]

## 2.2.2.4 Vereinsvormund

Bei der Vereinsvormundschaft bedient sich ein vom Landesjugendamt für geeignet erklärter rechtsfähiger Verein eines seiner Mitarbeiter oder Mitglieder zur Führung einer Vormundschaft,[84] dennoch bleibt der Verein selbst Vormund des Mündels.[85] Ein Verein kann unter dem Gesichtspunkt der Subsidiarität allerdings nur dann zum Vormund bestellt werden, wenn eine als ehrenamtlicher Einzelvormund geeignete Person nicht vorhanden ist oder der Verein als Vormund von den Eltern benannt wurde.[86] Das Verhältnis von Vereins- zu Amtsvormundschaft ist streitig.[87] Der Vorteil der Vereinsvormundschaft ist sicherlich darin zu sehen, dass es sich hierbei um keine erzwungene Fürsorge handelt, da eine Pflicht zur Übernahme der Vormundschaft nicht besteht.[88] In der Praxis spielt die Vereinsvormundschaft dennoch nur eine marginale Rolle.[89]

---

[81] BT-Drs. 15/2494, S. 27; a. A.: *LG Hildesheim,* Beschl. v. 05.07.2002, JAmt 2003, S. 47; Abschlussbericht Familiengerichtliche Maßnahmen, S. 42. Die Arbeitsgruppe regt eine „Erweiterung des gesetzlichen Vorrangs der Einzelvormundschaft vor der Amtsvormundschaft" an.

[82] *Salgo/Zenz,* FamRZ 2009, S. 1385.

[83] Vgl. *BVerfGE,* Urt. v. 01.07.1980, NJW 1980, S. 2179-2181; *Hoffmann,* FamRZ 2011, S. 249.

[84] §§ 1791a Abs. 1 S. 1, Abs. 3 S. 1 Hs. 1 BGB.

[85] *BayObLG,* Beschl. v. 19.03.1993, FamRZ 1994, S. 991-992.

[86] § 1791a Abs. 1 S. 2 Hs. 1 BGB.

[87] *Oberloskamp,* FamRZ 1988, S. 7 Fn. 2; den Vorrang der Vereinsvormundschaft gegenüber der Amtsvormundschaft bejahen: *OLG Frankfurt,* Beschl. v. 13.11.1979, FamRZ 1980, S. 284-285; *Saar* in Erman, § 1791b Rdnr. 1; *Schwab,* § 80 Rdnr. 880; *Wabnitz,* S. 144; *Hohloch,* § 29 Rdnr. 1030; a. A.: *Gernhuber/Coester-Waltjen,* § 70 Rdnr. 9; *Wolf,* DAVorm 2000, S. 285.

[88] Vgl. § 1791a Abs. 1 S. 2 Hs. 2 BGB; vgl. *Gernhuber/Coester-Waltjen,* § 70 Rdnr. 11.

[89] *Gernhuber/Coester-Waltjen,* § 70 Rdnr. 8.

## 2.3 Aktuelle Probleme des Vormundschaftsrechts

### 2.3.1 Rechtliche und praktische Probleme bei der Auswahl eines Vormundes

Abgesehen von der gesetzlichen Amtsvormundschaft ist die Vormundschaft ex officio anzuordnen. Die Anordnung obliegt nicht etwa dem Jugendamt, sondern dem Familiengericht[90] und hat i. d. R. konstitutive Wirkung.[91] Gleichzeitig wählt das Familiengericht unter den Einschränkungen des § 1779 einen geeigneten Vormund aus. Die Auswahl einer geeigneten Person ist oftmals die zentrale Schwierigkeit.[92] Das Jugendamt hat dem Familiengericht in der Weise zu helfen, dass es dem Familiengericht Personen und Vereine vorschlägt, die sich im Einzelfall zum Vormund eignen.[93] Damit soll dem gesetzlichen Vorrang der Einzelvormundschaft Rechnung getragen werden.[94] Für das Jugendamt liegt die Problematik zum einen darin, überhaupt eine zur Übernahme des Amtes geeignete Person zu finden, da sich Menschen für gewöhnlich vor einer solchen Verantwortung scheuen. Zum anderen ist es problematisch, die Eignung der Person festzustellen.[95] Schneller und reibungsloser gestaltet sich das Auswahlverfahren, wenn die sorgeberechtigten Eltern durch letztwillige Verfügung einen Vormund benannt haben,[96] da das Familiengericht primär daran gebunden ist.[97] Praktisch gesehen wird das Benennungsrecht heute jedoch eine eher sekundäre Relevanz haben. In diesem Zusammenhang stellt sich die Frage, ob nicht eine verstärkte Aufklärung der Eltern hinsichtlich ihres Benennungsrechts durch das Jugendamt und das Familiengericht zweckmäßig ist. Schließlich müsste es auch im Interesse der Eltern liegen, Gewissheit darüber zu haben, wer im Falle ihres Ablebens für das Wohl ihres Kindes sorgt. Aber selbst dann ist immer noch zu bedenken, dass auch die Berufenen Bereitschaft zeigen müssen. Immerhin bietet ein solches Amt aus Sicht des Vormunds fast keine Anreize, ist es doch mit viel Mühe, Arbeit und z. T. seelischer Belastung verbunden.[98]

---

[90] § 1774 S. 1 BGB.
[91] *OLG Stuttgart*, Beschl. v. 27.11.1964, FamRZ 1965, S. 457; *Bettin* in Bamberger/Roth, § 1774 Rdnr. 8.
[92] *Schwab*, § 79 Rdnr. 879; *Rauscher*, § 39 Rdnr. 1199; *Christian*, DAVorm 1983, S. 91; *Bienwald*, ZfJ 1980, S. 497f.
[93] § 53 Abs. 1 SGB VIII.
[94] *Wiesner* in Wiesner, § 53 Rdnr. 6; *Münder u. a.* in FK-SGB VIII, § 53 Rdnr. 3.
[95] Vgl. *Bienwald*, ZfJ 1980, S. 497ff.
[96] §§ 1776, 1777 BGB.
[97] *Berger/Mansel* in Jauernig, §§ 1776-1778 Rdnr. 5; *Schwab*, § 79 Rdnr. 880.
[98] *Christian*, DAVorm 1983, S. 92.

Haben die Eltern von ihrem Benennungsrecht keinen Gebrauch gemacht bzw. ist der Benannte nach den Vorschriften des § 1778 zu übergehen, so hat das Familiengericht den Vormund nach den Kriterien der Eignung auszuwählen.[99] Die Eignung ist die Fähigkeit, das Amt im Interesse des Mündels zu führen.[100] Dabei spielen besonders die persönlichen und wirtschaftlichen Verhältnisse eine nicht unerhebliche Rolle.[101] Entscheidend können der Gesundheitszustand, familiäre oder berufliche Belastungen, der Charakter eines Menschen, dessen persönliche Einstellung und Haltung sowie Erfahrungen in der Erziehung eines Kindes sein.[102] In die Überlegungen sind ferner der mutmaßliche Wille der Kindeseltern, die persönlichen Bindungen des Mündels, die Verwandtschaft oder Schwägerschaft mit dem Mündel sowie das religiöse Bekenntnis des Mündels mit einzubeziehen.[103] Zu der Frage, ob bei mehreren geeigneten Personen innerhalb dieses Kriterienkatalogs vom Gesetzgeber eine klare Rangfolge beabsichtigt ist, finden sich in der Literatur gegensätzliche Auffassungen. Die herrschende Meinung ist, dass die in § 1779 Abs. 2 S. 2 aufgelisteten Prüfsteine in einer zu beachtenden Reihenfolge stehen.[104] Plausibel erscheint das indes nicht. Vordergründig soll schließlich die Auswahl dem Mündelinteresse und dem Mündelwohl dienen.[105] Diese hängen maßgeblich von der jeweiligen Situation und den besonderen Lebensumständen des Mündels ab. Daher kann nicht pauschal einem Kriterium eine höhere Wertigkeit zugeschrieben werden. Blickt man zudem auf die ursprüngliche Fassung der Norm zurück, waren früher Verwandte und Verschwägerte „zunächst zu berücksichtigen".[106] Diese Formulierung wurde zwischenzeitlich aufgegeben. Grundsätzlich kann auch davon ausgegangen werden, dass es dem Wohl des Kindes entspricht, wenn es bei Verwandten aufwächst, durch die es ordentlich betreut wird.[107]

---

[99] § 1779 BGB.
[100] *BayObLG*, Beschl. v. 16.02.1965, FamRZ 1965, S. 283-284.
[101] § 1779 Abs. 2 S. 1 BGB.
[102] *Diederichsen* in Palandt, § 1779 Rdnr. 5; *Mollik/Opitz* in Kunkel, § 53 Rdnr. 2; vgl. *Beitzke*, § 34 Rdnr. 1084.
[103] § 1779 Abs. 2 S. 2 BGB.
[104] BT-Drs. 13/7158, S. 21; *Wagenitz* in Müko, § 1779 Rdnr. 6; *Berger/Mansel* in Jauernig, § 1779 Rdnr. 3; *Bettin* in Bamberger/Roth, § 1779 Rdnr. 4; *Beitzke*, § 34 Rdnr. 1084; a. A.: *Diederichsen* in Palandt, § 1779 Rdnr. 6; *Engler* in Staudinger, § 1779 Rdnr. 15.
[105] BT-Drs. 13/7158, S. 21; *Berger/Mansel* in Jauernig, § 1779 Rdnr. 3; *Mollik/Opitz* in Kunkel, § 53 Rdnr. 2; *Münder u. a.* in FK-SGB VIII, § 53 Rdnr. 2; *Oberloskamp*, FamRZ 1988, S. 7; *Bienwald*, ZfJ 1980, S. 499.
[106] § 1779 Abs. 2 S. 3 Hs. 1 BGB a. F.
[107] Vgl. *LG Hanau*, Beschl. v. 06.09.1977, DAVorm 1977, S. 768-770.

Das Recht der Ausschließung nach § 1782 als Gegenstück zum Benennungsrecht der Eltern stellt einen wichtigen Hinderungsgrund für die Bestellung zum
Vormund dar. Haben die sorgeberechtigten Eltern oder der sorgeberechtigte
Elternteil durch letztwillige Verfügung Personen von der Bestellung zum Vormund ausgeschlossen, so ist das Familiengericht wie auch bei der Benennung
daran gebunden. Das Familiengericht darf also eine ausgeschlossene Person
selbst dann nicht zum Vormund bestellen, wenn die Bestellung der ausge-
schlossenen Person im Interesse des Mündels läge.[108] So wird in der Praxis
allein die Tatsache, dass seitens der Sorgeberechtigten bestimmte Personen
von der Vormundschaft ausgeschlossen wurden, die Suche nach einer geeigneten Person weiter erschweren. Man denke dabei nur an einen Fall, in welchem das Kind zu seinem Onkel eine enge Beziehung führt, die verstorbene
Kindesmutter ihn aber aus Gründen der Antipathie ausgeschlossen hat.

Personen, die hinsichtlich der Führung einer Vormundschaft als unfähig oder
untauglich einzustufen sind, können bzw. sollen nicht bestellt werden.[109] Hat
das Familiengericht unter Einhaltung sämtlicher Einschränkungen eine Person
für die Führung der Vormundschaft ausgewählt, so ist sie unter der Prämisse,
dass sie deutscher Staatsangehörigkeit ist, i. d. R. zur Übernahme der Vormundschaft verpflichtet.[110] Die Übernahmepflicht versteht sich als eine staats-
bürgerliche Pflicht, nicht nur als bloße familiäre Pflicht.[111] Der Auserwählte
kann sich der Vormundschaft rechtlich nur entziehen, wenn über die genannten Einschränkungen hinaus noch berechtigte Ablehnungsgründe nach § 1786
bestehen. Gleichwohl ist es naturgemäß aber auch erforderlich, dass die aus-
gewählte Person von sich aus bereit ist, die Vormundschaft zu übernehmen.
Eine Bestellung gegen den Willen würde andernfalls vermutlich nur sehr bedingt im Interesse des Mündels liegen. Schließlich besteht jederzeit die Gefahr, dass der nur widerwillig bereite Vormund sein Amt vernachlässigt.[112] Eine Bereitschaft der Bürger zur Übernahme von Einzelvormundschaften ist
insofern wünschens- und unterstützenswert.[113] Diese werden aber nicht von
sich aus an die Behörden oder Familiengerichte herantreten, auch dann nicht,

---

[108] *Diederichsen* in Palandt, § 1782 Rdnr. 1; *Gernhuber/Coester-Waltjen*, § 70
Rdnr. 32; a. A.: *BayObLG*, Beschl. v. 13.06.1961, NJW 1961, S. 1865-1866; *Zimmer-
mann* in Soergel, § 1782 Rdnr. 2.
[109] §§ 1780, 1781 BGB.
[110] § 1785 BGB.
[111] *Hohloch*, § 29 Rdnr. 1034; *Oberloskamp* FamRZ 1988, S. 8.
[112] *Christian*, DAVorm 1983, S. 93; a. A.: *LG Kassel*, Beschl. v. 08.04.1982, DAVorm
1982, S. 832-833.
[113] Untersuchungsausschuss Kindeswohl, S. 258.

wenn sie im Vorfeld Bereitschaft zur Übernahme von Vormundschaften signalisiert haben. Vielmehr sind Jugendamt und Familiengericht gefragt, auf die Bürger zuzugehen.[114] Bürger, aber auch Verwandte des Mündels, Pflegeeltern oder ehrenamtlich tätige Personen können mittels entsprechender Werbeaktionen gewonnen werden.[115] Die Anwerbung könnte von den Jugendämtern selbst in die Hand genommen oder an freie Träger abgegeben werden. Es kann zudem von Vorteil sein, zu karitativen Organisationen, kirchlichen Verbänden etc. regelmäßigen Kontakt zu pflegen.[116] Ohnehin ist nach § 79 Abs. 2 SGB VIII eine Gewährleistungspflicht manifestiert, wonach die Träger der öffentlichen Jugendhilfe sicherstellen sollen, dass ausreichend Vormünder gewonnen werden.

Es muss davon ausgegangen werden, dass die durch die Anwerbung für die Ämter entstehenden Kosten nicht zwangsläufig in einem angemessenen Verhältnis zu der Anzahl der durch die Werbung hinzugewonnenen Einzelvormünder steht. Zu bedenken ist aber, dass hinter jeder notwendig werdenden Vormundschaft ein Mensch steht, für den der ehrenamtliche Einzelvormund gewisse Vorteile bringt, z. B. einen intensiveren Kontakt. Neben dem Kostengesichtspunkt spielt für die Jugendämter vermutlich aber auch die Tatsache, dass die Gewinnung von Einzelvormündern nur geringfügig zu spürbarer Entlastung führt, eine entscheidende Rolle, wo es sich doch bei den sorgebedürftigen Kindern in erzieherischer Hinsicht teils um eine eher schwierigere Klientel handelt, welche nicht ohne Weiteres ehrenamtlichen Einzelvormündern überlassen werden kann.[117] Im Rahmen des Gesetzgebungsverfahrens zum Gesetz zur Änderung des Vormundschafts- und Betreuungsrechts bat die *SPD* darum zu prüfen, ob nicht auch der Berufsvormund Vorrang vor der Amtsvormundschaft haben soll und inwieweit Jugendämter professionelle Strategien zur Gewinnung ehrenamtlicher Vormünder entwickeln und praktizieren, um das tatsächliche Potenzial der ehrenamtlichen Vormundschaft auszuschöpfen.[118] Der *SPD*-Antrag wurde abgelehnt.[119]

---

[114] *Christian*, DAVorm 1983, S. 93.
[115] Untersuchungsausschuss Kindeswohl, S. 256; *Oberloskamp*, FamRZ 1988, S. 8.
[116] *Christian*, DAVorm 1983, S. 94.
[117] Vgl. Untersuchungsausschuss Kindeswohl, S. 258.
[118] BT-Drs. 17/2411, S. 5.
[119] *Deutscher Bundestag*, Plenarprotokoll 17/105, S. 12074.

## 2.3.2 Antagonistische Pole des Jugendamtes – Probleme der Doppelfunktion

Im Rahmen der Kinder- und Jugendhilfe gehört es zu den wesentlichen Aufgaben des Jugendamtes, die Eltern bei der Erziehung ihres Kindes zu unterstützen. Die Unterstützung, z. B. in Form der *Hilfe zur Erziehung*[120] ist eine Sozialleistung, die vom *Allgemeinen Sozialen Dienst (ASD)* angeboten wird. Leistungsberechtigt ist stets der Personensorgeberechtigte.[121] In Fällen, in denen Personensorgeberechtigter der Amtsvormund ist, ergeben sich gleich zwei Besonderheiten. Einmal ist der Amtsvormund in eine öffentlich-rechtliche Verwaltung eingebunden, die Rechtsbeziehung jedoch zwischen Amtsvormund und Mündel ist privatrechtlicher Natur.[122] Zum anderen steht sich das Jugendamt mit seinen Professionen ASD als Leistungsgewährender und Amtsvormund als Leistungsempfänger gewissermaßen selbst gegenüber, denn strukturell betrachtet ist das Jugendamt Sozialleistungsbehörde und Vormundschaftsbehörde zugleich.[123] Zwar sind Soziale Dienste und Amtsvormundschaft vom Gesetzgeber eigens dazu nebeneinander gestellt, im Zusammenwirken eine bestmögliche Durchsetzung der Rechte und Befriedigung der Hilfebedürfnissen von Kindern und Jugendlichen zu gewährleisten. Doch sind wegen der Verzahnung der Arbeit darin auch Konflikte und widerstreitende Interessen angelegt. Schnittstellenprobleme ergeben sich insbesondere hinsichtlich der Aufgabenwahrnehmung und den Zuständigkeiten im Hilfeplanverfahren.[124] Zum einen macht dies eine strikte organisatorische und personelle Trennung von Eltern- und Sozialleistungsfunktionen im Jugendamt erforderlich, zum anderen sind der Zusammenarbeit zwischen beiden Bereichen institutionalisierte Regeln zu geben und die Rollen klar abzugrenzen, damit sich Konflikte nicht zum Nachteil der betroffenen jungen Menschen auswirken. Kooperation und Kommunikation sind hierbei obligatorisch, der Hilfeplanprozess muss zudem transparent und zielbezogen sein. Vor allem Kooperationsvereinbarungen sind hierfür ein sinn- und wirkungsvolles Instrument. Wie die inhaltliche und organisatorische Abgrenzung der Aufgaben und Zuständigkeiten aussehen könnte, ist dabei weniger eine rechtliche Fragestellung. Sie obliegt vielmehr der Organisationshoheit des Jugendamtes.

---

[120] § 27ff. SGB VIII.
[121] *Opitz*, JAmt 2001, S. 317.
[122] *Opitz*, JAmt 2001, S. 317; *Zenz*, DAVorm 2000, S. 365.
[123] Kaufmann, DAVorm 1998, S. 481.
[124] *Opitz*, JAmt 2001, S. 319.

Aber auch die persönliche Vertretung des Mündels durch den Amtsvormund und sein Einsatz für sein Mündel stehen aufgrund der Doppelfunktion des Jugendamtes in einem Spannungsverhältnis,[125] was erläutert werden soll. Womöglich ist der Amtsvormund der Auffassung, sein Mündel bedürfe einer Heimerziehung, der ASD hingegen ist anderer Ansicht. Nun ist der Vormund mutlos, diese Form der Hilfe gegenüber seinem Dienstherrn konsequent einzufordern, obgleich er nur begrenzt weisungsgebunden ist und eine Einmischung in seine auf den Einzelfall bezogene Amtsführung nicht zu dulden braucht.[126] Dem Wohl des Mündels ist das nicht zuträglich. Der Amtsvormund ist als Interessenvertreter seines Mündels sogar aktiv legitimiert, Widerspruch bzw. Klage gegen das Jugendamt zu erheben, wenn sein Antrag auf Hilfe zur Erziehung abgelehnt wird.[127] Spätestens an dieser Stelle beeinträchtigen Interessenkollisionen seine Unabhängigkeit.[128] Daher ist es immens wichtig, dass der Vormund nicht nur in rechtlicher, sondern auch in tatsächlicher Hinsicht unabhängig agieren kann.[129] Es gilt, den Amtsvormund dafür zu sensibilisieren, dass er im Hilfeplanverfahren ein Wunsch- und Wahlrecht besitzt, was die Pflegeeinrichtung und sozialen Dienste angeht, und dass er die Interessen des Kindes entsprechend parteilich vertreten muss. Die geplante Hilfe muss der ASD zusammen mit dem Vormund und dem Kind aushandeln, was natürlich immer den Willen des Vormunds voraussetzt. Vereinzelt sind Behörden anzutreffen, die Vormundschaften auf Mitarbeiter im ASD übertragen. Hier sei angemerkt, dass es aus rechtlicher Sicht nicht vertretbar ist, dass Antragsteller für die Hilfe zur Erziehung und der, der über die Gewährung der Hilfe zur Erziehung entscheidet, ein und dieselbe Person ist.[130] Eine gewollte gegenseitige Kontrollfunktion würde damit liquidiert werden.[131]

Ein vergleichsweise untergeordnetes Problem ist die Einbindung beruflich ausgeübter Vormundschaft in den behördlichen Kontext. So versteht der Amtsvormund im Gegensatz zum ehrenamtlichen Vormund sein Amt mehr als Beruf denn als Amt. Er ist i. d. R. nur zu ganz bestimmten Tageszeiten, also nur solange er seinem Beruf nachgeht, für das Mündel erreichbar. Der behördliche Mitarbeiter wird zudem die zu leistende Unterstützung eher an sei-

---

[125] *DIJuF*-Stellungnahme, S. 2.
[126] *DIJuF*, JAmt 2011, S. 531.
[127] *Kaufmann*, DAVorm 1998, S. 485.
[128] *Salgo/Zenz*, FamRZ 2009, S. 1383.
[129] *DIJuF*, JAmt 2012, S. 37.
[130] *OVG Münster*, Urt. v. 25.04.2001, ZfJ 2001, S. 467-471.
[131] *Wiesner*, DAVorm 2000, S. 12.

ner verfügbaren Arbeitszeit und der Dringlichkeit der anderen ihm zugewiese-
nen Fälle bemessen. Der ehrenamtliche Vormund hingegen wird den Aufwand
eher an den Interessen seines (einzigen) Mündels bemessen.[132] Und wenn
der Vormund im gleichen Gebäude wie das Jugendamt sitzt und mit dessen
Briefpapier die Korrespondenz führt, nehmen die Mündel und ihre Eltern den
Amtsvormund als Teil des Jugendamtes und nicht als „ihren" Vormund
wahr.[133]

### 2.3.3 Paradigmenwechsel: Das Gesetz zur Änderung des Vormund- schafts- und Betreuungsrechts

#### 2.3.3.1 Motivation des Gesetzgebers

Mit dem im Juni 2011 verabschiedeten Gesetz zur Änderung des Vormund-
schafts- und Betreuungsrechts hat der Gesetzgeber eine Reform der Vormundschaft auf den Weg gebracht. Zuvorderst intendiert er, den persönlichen
Kontakt zwischen Vormund und Mündel nachhaltig zu verstärken, um Kinder
und Jugendliche besser vor Gefahren für ihr Wohl zu schützen.[134] Denn hinsichtlich des persönlichen Kontakts stellte der Gesetzgeber besonders im Bereich der Amtsvormundschaften Mängel fest.[135] So sehen sich in der bis dato
gängigen Praxis Amtsvormünder mit einer exorbitant hohen Fallzahl konfrontiert.[136] Mitunter betreut ein Vormund bis zu 250 Mündel gleichzeitig.[137] In der
Konsequenz kennen die Vormünder ihre Mündel gar nicht, stattdessen findet
eine abundante anonyme Verwaltung der Mündel statt.[138] Künftig soll sich der
Vormund ein eigenes Bild von den Lebensumständen sowie der bisherigen
und aktuellen Situation des Kindes, seiner Gesundheit etc. verschaffen.[139]

Es sei darauf hingewiesen, dass bereits die vorherige Rechtslage eine persönliche Beziehung zwischen Vormund und Mündel und damit auch regelmä-

---

[132] *Hansbauer*, ZfJ 1998, S. 499.
[133] *Zitelmann* in Zitelmann/Schweppe/Zenz, S. 75f.
[134] BT-Drs. 17/3617, S. 13; *Diederichsen* in Palandt, Einführung vor § 1793 Rdnr. 3;
*Hoffmann*, FamRZ 2011, S. 249; DV-Stellungnahme, S. 1; AGJ-Stellungnahme, S. 1f.;
DIJuF-Stellungnahme, S. 1.
[135] BT-Drs. 17/3617, S. 1; DW-EKD-Stellungnahme, S. 2.
[136] *Wiesner* in Wiesner, § 55 Rdnr. 3; DW-EKD-Stellungnahme, S. 2; *DIJuF-*
Stellungnahme, S. 1; *Salgo/Zenz*, FamRZ 2009, S. 1383.
[137] BT-Drs. 17/3617, S. 6.
[138] BT-Drs. 11/4528, S. 1, 68; *Gernhuber/Coester-Waltjen*, § 70 Rdnr. 8.
[139] *Hoffmann*, FamRZ 2011, S. 249.

ßige persönliche Kontakte verlangte.[140] Der Forderung sind die Amtsvormünder in der Vergangenheit jedoch nicht in dem notwendigen Umfang nachgekommen. Mit der Kodifizierung einer Regelkontakthäufigkeit hofft der Gesetzgeber, dass Amtsvormünder ihr Verhalten ändern.[141]

### 2.3.3.2 Die persönlich geführte Vormundschaft

#### 2.3.3.2.1 Der persönliche Kontakt zwischen Vormund und Mündel

Obgleich ein persönlicher Kontakt zwischen Vormund und Mündel nicht nur aus pädagogischer, sondern auch aus rechtlicher Sicht angezeigt ist,[142] belegt die Praxis, dass persönliche Kontakte nur selten der Fall sind.[143] Amtsvormünder kannten ihre Mündel infolge hoher Fallzahlen oft nur aus dem Kontakt bei der Übernahme der Vormundschaft.[144] Daher wurde § 1793 um den Abs. 1a erweitert.[145] Darin ist ausdrücklich normiert, dass der Vormund persönlichen Kontakt mit dem Mündel zu halten hat. Der persönliche Kontakt wird dahingehend präzisiert, dass der Vormund den Mündel auch persönlich treffen muss, und zwar im Regelfall monatlich an dessen üblichen Aufenthaltsort.[146] Dadurch erhält das Mündel die Möglichkeit, sich zu beteiligen und seine Lebenssituation gemeinsam mit seinem Vormund aktiv mitzugestalten. Dem Familiengericht wird aufgetragen, die Einhaltung des persönlichen Kontakts zu beaufsichtigen.[147] Einzelfallbezogen sind Ausnahmen von der Regelkontakthäufigkeit zulässig, wenn kürzere oder längere Besuchsabstände oder ein anderer Ort geboten sind. Häufigere Besuchskontakte können erforderlich sein, wenn eine den weiteren Lebenslauf beeinflussende wichtige Entscheidung ansteht (Schulwechsel, operativer Eingriff etc.) oder wenn sich die Lebenssituation des Kindes verändert, z. B bei einem Wechsel von einer Pflegefamilie in eine Pflegeeinrichtung. Hingegen sind längere Besuchsabstände denkbar, wenn ein tiefes Vertrauensverhältnis zum Vormund bereits besteht und der Mündel aufgrund seines Alters selbstständig auf eventuelle Missstände aufmerksam machen kann. Ein Abweichen vom Besuchsort kann dann geboten sein, wenn ein unbefangenes Gespräch in der üblichen Umgebung

---

[140] *Wagenitz* in MüKo, § 1793 Rdnr. 45; *Katzenstein*, JAmt 2010, S. 415.
[141] BT-Drs. 17/3617, S. 13.
[142] *Sünderhauf*, JAmt 2010, S. 408f.
[143] *Oelerich/Wunsch* in Hansbauer, S. 153ff.
[144] *Diederichsen* in Palandt, Einführung vor § 1793 Rdnr. 3.
[145] BT-Drs. 17/3617, S. 1.
[146] BT-Drs. 17/3617, S. 7.
[147] § 1837 Abs. 2 S. 1 BGB.

nicht möglich ist.[148] Die Prüfung von Kriterien zur Beurteilung der erforderlichen Kontaktgestaltung kann den Vormündern durch das Jugendamt im Sinne einheitlicher Qualitätsstandards vorgegeben werden, nicht aber die Wertung und Inhalte der Entscheidung. Die individuelle Entscheidungsbefugnis der Fachkraft entspricht ihrer individuellen Verantwortung für das Wohl des ihr anvertrauten Kindes. Insoweit ist auch eine Dienstanweisung, die nach bestimmten Kriterien - wie etwa dem Alter - schematisch eine bestimmte Häufigkeit des Kontaktes vorschreibt, rechtlich nicht zulässig.[149]

Für die Vormünder selbst erfüllt die Norm eine richtungsweisende Funktion. So ist im Ergebnis damit zu rechnen, dass sich eine Veränderung im Verhalten der Vormünder vollzieht und sie ihrer gesetzlichen Aufgabe, nicht nur für das Vermögen sondern auch für die Person des Mündels zu sorgen, in einem stärkeren Maße nachkommen als bisher.[150] Gleichwohl wird beim Lesen der Gesetzesbegründung der Eindruck vermittelt, der persönliche Kontakt diene zur Kontrolle derjenigen, die mit der Personensorge des Mündels unmittelbar betraut sind, wie den Pflegeeltern, um etwaige Anzeichen einer Kindesmisshandlung oder Kindesvernachlässigung zu detektieren.[151] Diese Betrachtungsweise lässt sich auf den Wortlaut in der Gesetzesbegründung stützen, wonach selbst dann Anzeichen einer Kindesmisshandlung oder Vernachlässigung feststellbar sind, wenn der Vormund sein Mündel nur kurz besucht.[152] Bezogen auf die Praxis ist das nicht haltbar.[153] So ist stets zu berücksichtigen, dass per exemplum eine psychische Misshandlung auch für ein geschultes Auge nicht ohne Weiteres erkennbar sein dürfte. Ebenso, wenn sich die körperliche Gewalt der Pflegeperson gegen Körperteile des Mündels richtet, die nicht offen gelegt sind, wie der Rücken oder Brustbereich. Zugegeben, muss der Vormund in Ergänzung seiner Pflichten auch eine Kindeswohlgefährdung im Blick haben, aber die Vermeidung dessen kann nicht durch monatlich durchzuführende Hausbesuche gewährleistet werden. Überhaupt harmonisiert die Überbetonung des Kinderschutzes in der Gesetzesbegründung nicht mit den charakteristischen Aufgaben einer Vormundschaft bzw. mit dem Vor-

---

[148] BT-Drs. 17/3617, S. 7; *Diederichsen* in Palandt, § 1793 Rdnr. 2a.
[149] *DIJuF*, JAmt 2011 S. 532; vgl. ausführlich *Hoffmann*, ZKJ 2007, S. 389ff.
[150] BT-Drs. 17/3617, S. 13; DFGT-Stellungnahme zum Regierungsentwurf, S. 1.
[151] *Katzenstein*, JAmt 2010, S. 416; DFGT-Stellungnahme zum Regierungsentwurf, S. 2.
[152] BT-Drs. 17/3617, S. 7.
[153] *Katzenstein*, JAmt 2010, S. 416; DFGT-Stellungnahme zum Regierungsentwurf, S. 2.

mundschaftsrecht als solches. Die Gesetzesnovellierung ist insgesamt zu massiv auf Ausnahmesituationen ausgerichtet.[154] Diese Kritik soll weiter präzisiert werden: offenkundiges Ziel der Gesetzesänderung ist es, wie dargelegt, Kindesmisshandlung und Kindesvernachlässigung zu verhindern und bereits einer möglichen Gefahr vorzubeugen. Der Gehalt des Vormundschaftsrechts geht aber vielmehr davon aus, dass das „Kind längst in den Brunnen gefallen" ist. So zeichnet sich die typische Situation für den Vormund dadurch aus, dass *nach* einem Sorgerechtseingriff *wegen* der Gefährdung des Kindeswohls für das Kind ein neuer Lebensmittelpunkt gefunden werden muss, an welchem es sich zu einer eigenverantwortlichen und gesellschaftsfähigen Persönlichkeit entwickeln kann.[155] Regelmäßig werden Pflegeeltern oder Pflegeeinrichtungen zum neuen Lebensort des Mündels bestimmt.[156] Ist eine konkrete Unterbringung ausgewählt worden, dann doch gerade auch deshalb, weil sich der Vormund absolut sicher ist, dass sein Mündel dort insbesondere vor (weiteren) Übergriffen auf sein Wohl geschützt ist. Andernfalls müsste der Vormund die ursprünglich als optimal empfundene Lösung revidieren. Zwar ist dann immer noch ein regelmäßiger Kontakt unentbehrlich,[157] jedoch nicht eine monatliche Kontrolle des Verhaltens der Pflegeeltern oder der Heimerzieher.[158] Der Gedanke, die Pflegeeltern und die Einrichtung werden durch den Vormund und der Vormund durch das Familiengericht kontrolliert und überwacht, wird begünstigt.[159] Eine Regelkontakthäufigkeit erscheint aus Sicht des Fachverbandes insofern nur in zwei Fallkonstellationen sinnvoll.[160] Zum einen, wenn das Mündel in seiner Herkunftsfamilie lebt, obwohl den leiblichen Eltern wegen Kindeswohlgefährdung die Befugnis zur Aufenthaltsbestimmung entzogen wurde. Zum anderen, wenn eine minderjährige Mutter mit ihrem Kind, für das naturgemäß eine gesetzliche Vormundschaft besteht, alleine außerhalb einer Einrichtung lebt. Ausschließlich in diesen beiden Ausnahmefällen ergebe sich eine Gefahrenlage, die unter Umständen einen monatlichen Besuchskontakt vor Ort erforderlich machen kann.[161]

---

[154] *Katzenstein*, JAmt 2010, S. 416; *DIJuF*-Stellungnahme, S. 2.
[155] *DIJuF*-Stellungnahme, S. 2.
[156] Hoffmann, FamRZ 2011, S. 251; *DIJuF*-Stellungnahme, S. 2.
[157] *DIJuF*-Stellungnahme, S. 6.
[158] Hoffmann, FamRZ 2011, S. 251.
[159] *DIJuF*-Stellungnahme, S. 2.
[160] Vgl. AGJ-Stellungnahme, S. 5.
[161] Hoffmann, FamRZ 2011, S. 251.

Aufgrund des im Januar 2012 bekannt gewordenen Falles der 11-jährigen Chantal D. aus Hamburg kann eine derartige Ansicht nicht geteilt werden. Zumindest dürften die angeführten Argumente hierdurch abgeschwächt werden. Chantal stand unter Amtsvormundschaft und lebte seit Mitte 2008 in einer Pflegefamilie. Dort starb sie im Januar 2012 an den Folgen einer Überdosis Methadon. Wie sich im Zuge der polizeilichen Ermittlungen herausstellte, waren die Pflegeeltern heroinabhängig und wurden mit der Ersatzdroge Methadon behandelt, weshalb sich gegenwärtig die staatsanwaltlichen Ermittlungen auch gegen die Pflegeeltern richten. Nachbarn und die zum Noteinsatz gerufenen Rettungskräfte berichteten von einer verwahrlosten Wohnung. Zudem hätte Chantal nachts Zeitungen austragen müssen.[162]

Auch die Ansicht, wonach § 1793 Abs. 1a indiziere, dass umgekehrt der persönliche Kontakt des Vormunds nach oben hin auf den Regelkontakt begrenzt sei („... so ist damit [mit der Personensorge des Vormunds, Anm. d. Verf.] eine Begrenzung des persönlichen Kontakts des Vormunds auf einen Regelkontakt nicht vereinbar.")[163], kann nicht unreflektiert bleiben. Es ist nicht die Intention des Gesetzgebers, dass es sich dem Vormund verbietet, im Regelfall seinen Mündel öfter aufzusuchen als einmal monatlich. Das Gegenteil ist der Fall, denn schon allein vor dem Hintergrund, dass eine Vertrauensbasis zwischen Vormund und Mündel ausdrücklich gewünscht ist, ist die kodifizierte Regelkontakthäufigkeit vielmehr i. S. einer Mindestkontakthäufigkeit zu deuten. Spätestens wenn man die Fälle berücksichtigt, in denen das Mündel im Haushalt des Vormundes lebt,[164] kann von einem solchen Ansinnen des Gesetzgebers nicht ausgegangen werden. Die hier genannte Ansicht ist daher wohl so auszulegen, dass zu befürchten sei, der Vormund ruhe sich möglicherweise darauf aus, dass er seinen Mündel diesen Monat ja schon besucht habe und insoweit seine Pflichten damit als erfüllt betrachtet, ohne jedoch die Chance zu erkennen, durch Besuche über die Regelkontakthäufigkeit hinaus das Vertrauensverhältnis weiter festigen zu können.

---

[162] Ralf Wiegand, Abhängig in jeder Beziehung, *http://www.sueddeutsche.de/panorama/methadon-tod-einer-elfjaehrigen-in-hamburg-abhaengig-in-jeder-beziehung-1.1269289*, Download: 27. Januar 2012; Simone Utler, Pflegeeltern – Rabeneltern?, *http://www.spiegel.de/panorama/gesellschaft/0,1518,811806,00.html*, Download: 27. Januar 2012.
[163] DFGT-Stellungnahme zum Regierungsentwurf, S. 2.
[164] Genau auf diese Fallkonstellation weist der DFGT selbst hin.

Unabhängig hiervon ist die angesichts der Formulierung angedeutete und in der Gesetzesbegründung erläuterte Flexibilität nicht ausreichend, zumal der Bereich der Vormundschaft sehr divergent ist.[165] Der Kinderschutz soll vor allem im Hinblick auf Kleinkinder verbessert werden. Hierbei ist zu berücksichtigen, dass das, was für Kleinstkinder gilt, nicht unbedingt im gleichen Maße für ältere Mündel gilt.[166] Aber im Bereich der Vormundschaft handelt es sich nun einmal um minderjährige Kinder einer großen Altersspanne, mithin um Kinder im Alter von 0 bis 18 Jahren. Ein Mündel im Kindergartenalter, das Gewalt in der Herkunftsfamilie erlebt hat, bedarf sicherlich eines umfangreicheren Kontakts als ein 17-jähriger, der ein gutes Verhältnis zu den Herkunftseltern hat und sich als ernstzunehmenden Erwachsenen versteht und entsprechend danach verlangt, ihm ein von seinem Vormund weitgehend unabhängiges Leben zu ermöglichen.[167] Hier muss es dem Vormund erlaubt sein, den 17-jährigen nicht grundsätzlich einmal im Monat zu treffen, damit er für sein Mündel im Kindergartenalter freie Kapazitäten schafft, um es entsprechend öfter als einmal monatlich zu treffen.[168] Andernfalls besteht grundsätzlich die Gefahr von Alibibesuchen.[169] Hier würde die Qualität leiden, obschon die Häufigkeit der Kontakte zu Mündeln grundsätzlich nichts über die Qualität der Kontakte aussagt oder darüber, ob und wie der Vormund die Interessen des Mündels vertritt. Insofern sind regelmäßige Kontakte zum Mündel zwar eine notwendige, aber keine hinreichende Voraussetzung für eine effektive Interessenvertretung der Mündel.[170] Der Gesetzgeber geht in seiner Begründung außerdem vermeintlich davon aus, dass sich im Regelfall bereits bei einem monatlichen Kontakt eine Vertrauensbeziehung zwischen dem Vormund und seinem Mündel entwickelt.[171] Summa summarum wird den Vormündern erheblicher Spielraum genommen, Einzelfälle individuell und in angemessener Weise zu betreuen.[172] Eine weitere, nicht unerhebliche Schwierigkeit liegt in der Terminvereinbarung. Es wird nämlich nicht einfach sein, einen Besuchstermin innerhalb der regulären Arbeitszeit zu vereinbaren, wenn sich das Mündel in einer Berufsausbildung, Ganztagsschule etc. befindet.

---

[165] DV-Stellungnahme, S. 4.
[166] DV-Stellungnahme, S. 4.
[167] *DIJuF*-Stellungnahme, S. 6; vgl. DFGT-Stellungnahme zum Referentenentwurf, S. 3.
[168] AGJ-Stellungnahme, S. 5.
[169] *Veit/Salgo*, ZKJ 2011, S. 83; *DIJuF*-Stellungnahme, S. 3.
[170] *Hansbauer* in Hansbauer, S. 96.
[171] DFGT-Stellungnahme zum Regierungsentwurf, S. 3.
[172] DV-Stellungnahme, S. 4; AGJ-Stellungnahme, S. 5.

Eine letzte Rezension sei nur am Rande in Bezug auf die Gesetzeskraft gemacht: die monatliche Besuchspflicht ist bereits einen Tag nach der Verkündung des Gesetzes, mithin am 6. Juli 2011 in Kraft getreten. Im Gegensatz dazu erlangt die Regelung bezüglich der Fallzahlobergrenze erst am 5. Juli 2012 Gesetzeskraft. Für die Praxis, die vor dem Hintergrund zu hoher Fallzahlen gegenwärtig damit beschäftigt sein dürfte neue Planstellen zu schaffen und diese mit geeigneten Bewerbern zu besetzen, bedeutet dies - solange die Fallzahl pro Amtsvormund gegenwärtig noch nicht spürbar reduziert ist - dass sie mit einer nicht zu bewältigenden Anzahl erforderlicher Besuchskontakte konfrontiert sind bzw. wegen der personellen Engpässe die Besuchskontakte schlicht nicht durchführbar sind. Der Gedanke, dass Verstöße gegen die Kontaktpflicht bis zum 5. Juli 2012 nicht geahndet werden, vermag kaum darüber hinweg trösten. Vermutlich, weil es sich hier jedoch nur um ein temporäres Problem handelt, wird vorgenannte Problematik von der Fachwelt nicht diskutiert.

### 2.3.3.2.2 Die persönliche Verantwortung des Vormunds

Die persönlich geführte Vormundschaft wird nunmehr auch in § 1800 S. 2 bekräftigt,[173] wonach der Vormund die Pflege und Erziehung des Mündels persönlich zu fördern und zu gewährleisten hat. Dadurch soll verhindert werden, dass der Vormund die von ihm persönlich zu erfüllende Aufgabe der Förderung und Gewährleistung von Pflege und Erziehung als Teile der Personensorge an die Mitarbeiter im Sozialen Dienst delegiert.[174] Der Vormund muss sich von der Situation, Entwicklung und Gesundheit des Mündels selbst überzeugen und darf sich hierbei nicht (mehr) auf Berichte des Sozialen Dienstes, anderer Jugendämter oder Bezugspersonen des Mündels verlassen.[175] Um diesen Grundsatz künftig auch für die Amtsvormundschaft klarzustellen, findet sich der nahezu gleiche Wortlaut in § 55 Abs. 3 S. 3 SGB VIII n. F. wieder, welcher aber explizit den Amtsvormund nennt. Um eine Klarstellung handelt es sich deshalb, weil es sich unter dem Aspekt der *Garantenstellung* bei der persönlichen Verantwortung des (Amts-)Vormundes und dem Verbot der Aufgabendelegation nicht um ein Novum handelt.[176]

---

[173] AGJ-Stellungnahme, S. 5.
[174] BT-Drs. 17/3617, S. 7; vertiefend zur Delegation von Aufgaben nach der Reform: *DIJuf*-Stellungnahme v. 15.06.2011.
[175] DV-Stellungnahme, S. 4.
[176] *Katzenstein*, JAmt 2010, S. 415; DW-EKD-Stellungnahme, S. 3.

Durch den geänderten § 1800 wird darüber hinaus möglichen Interessenkonflikten der Amtsvormünder vorgebeugt,[177] denn die Relevanz der persönlichen Verantwortung für die Personensorge wird unmittelbar vor Augen geführt. Es wird für sie selbstverständlicher werden, die Interessen des Mündels gegenüber der eigenen Behörde durchzusetzen und an den regelmäßig stattfindenden Hilfeplangesprächen persönlich teilzunehmen.[178] Allenfalls wird der bisherige Interessenkonflikt umgewandelt in eine Pflichtenkollision, nämlich dann, wenn vom Amtsvormund zu entscheiden ist, welchem Fall er sich aufgrund der besonders hohen Bedürfnislagen der Mündel aktuell stärker widmet. Das Ziel einer persönlichen Verantwortung und Aufgabenwahrnehmung kann durch Einzelvormünder insgesamt natürlich besser erreicht werden, weshalb der Gesetzgeber in verstärktem Maße die Behörden in der Gewinnung von Einzelvormündern bestärken muss.[179]

### 2.3.3.3 Die maximale Fallzahl von 50 Vormundschaften

Die hohe Anzahl der zu betreuenden Fallzahlen ist eine weitere Ursache dafür, warum der Vormund seiner Verpflichtung, nicht nur für das Vermögen sondern auch für die Person des Mündels zu sorgen, in der Vergangenheit nur spärlich nachgekommen ist.[180] Vor noch nicht allzu langer Zeit sah der Gesetzgeber hier keine Möglichkeit zu intervenieren.[181] Damit der Amtsvormund die Aufgabe einer stärker persönlich geführten Vormundschaft künftig zu leisten imstande ist, soll nun nach § 55 Abs. 2 S. 4 SGB VIII n. F. ein Amtsvormund pro Vollzeitstelle nur noch maximal 50 Mündel betreuen. Übernimmt er neben der Führung von Vormundschaften noch andere Aufgaben, soll sich seine Fallzahl entsprechend reduzieren. Die Fallobergrenze entspricht einer Empfehlung der Bundesarbeitsgemeinschaft der Landesjugendämter[182] und tritt am 5. Juli 2012 in Kraft.[183] Sie war ein kontrovers diskutierter Punkt der Reform.

---

[177] DV-Stellungnahme, S. 5.
[178] *Hoffmann*, FamRZ 2011, S. 252.
[179] DW-EKD-Stellungnahme, S. 3.
[180] BT-Drs. 17/5512, S. 1.
[181] BT-Drs. 11/5948, S. 91.
[182] BT-Drs. 17/3617, S. 8; sog. „Dresdner Erklärung", DAVorm 2000, S. 437.
[183] BGBl. I, S. 1307.

Eine Fallzahlbegrenzung ist grundsätzlich zu begrüßen.[184] Ein Manko allerdings ist die Formulierung der Norm als *Soll*-Vorschrift. Ihr mangelt es hierdurch an der erforderlichen Deutlichkeit, dass Jugendämter hinsichtlich der Fallobergrenze i. d. R. Spielraum für Abweichungen nur nach unten haben bzw. nur in absoluten Ausnahmesituationen kurzfristig eine höhere Fallzahl betreuen dürfen.[185] Vor dem Hintergrund einer nahezu alle Kommunen betreffenden prekären Haushaltslage und der damit einhergehenden personellen und finanziellen Ressourcenknappheit ist damit zu rechnen, dass die Behörden die Fallobergrenze fahrlässig für sich nach oben korrigieren.[186] Bedenkt man, dass ein Amtsvormund bisher bis zu 120 Mündel gleichzeitig betreute, mag überdies die Fallzahl 50 zwar nach einer spürbaren Entlastung klingen. Doch war gängige Praxis, dass der Vormund sich weitestgehend auf die rechtliche Vertretung des Mündels beschränkte und demgemäß vom Schreibtisch aus agiert hat, während die Personensorge faktisch der ASD übernahm. Die Fallobergrenze von 50 im Kontext mit der jetzt festgeschriebenen persönlichen Vormundschaft kommt daher aus rein tatsächlicher Sicht betrachtet einem Aufgabenzuwachs gleich. Bei 50 Mündeln und jeweils 12 wahrzunehmenden persönlichen Kontakten im Jahr ergeben sich für den Amtsvormund rund 600 Besuchskontakte jährlich, gemessen an etwa 220 Arbeitstagen also 2 bis 3 Kontakte täglich.[187] Bedenkt man, dass die Kontakte mit Wegezeiten, Gesprächsvorbereitung und Gesprächsnachbereitung und sonstigen Personensorgeangelegenheiten verbunden sind, dürfte dies kaum zu leisten sein.[188] Voraussetzung ist auch, dass der Vormund nicht erkrankt. Dadurch wird deutlich, dass die Fallzahl immer noch zu hoch ist.

In Bezug auf die Höhe der Fallzahl wurden im Vorfeld der Gesetzesnovellierung daher verschiedene Alternativen konferiert.[189] Der Bundesrat sprach sich im Zuge der Reformdiskussion gar dafür aus, auf eine konkrete Fallzahl im Gesetz zu verzichten und stattdessen eine offenere Formulierung zu wählen, wonach nach eigenem Ermessen stets eine solche Fallzahl zu wählen ist, die

---

[184] *Veit/Salgo*, ZKJ 2011 S. 83; *Sünderhauf*, JAmt 2011, S. 293; *Hoffmann*, FamRZ 2011, S. 253.
[185] *DIJuF*, JAmt 2011, S. 528.
[186] Vgl. *Veit/Salgo*, ZKJ 2011, S. 83.
[187] Vgl. *Sünderhauf*, JAmt 2011, S. 293ff.
[188] *Sünderhauf*, JAmt 2011, S. 293; *Justin*, JAmt 2011, S. 305; *Katzenstein*, JAmt 2010, S. 414ff.; *Beinkinstadt*, S. 2f.; *Mix*, S. 2.
[189] Vertiefend hierzu *Sünderhauf*, JAmt 2011 S. 293ff.

sozialpädagogisch leistbar und vertretbar ist.[190] Was auch deshalb notwendig sei, um nicht die Organisationshoheit der Jugendämter zu unterlaufen.[191] Dabei waren aber schon vor den Reformüberlegungen die Jugendämter aufgefordert, den Amtsvormund nur mit so vielen Fällen zu betrauen, dass er seinen Aufgaben noch vollumfänglich nachkommen kann.[192] Im Übrigen hätte eine solche Formulierung nicht zuletzt wegen der starken finanziellen Belastungen der öffentlichen Haushalte in der Praxis kaum zu einer Reduzierung der aktuellen Fallzahlen geführt.[193] Zu beanstanden ist, dass der Gesetzgeber einmal mehr ausschließlich den Amtsvormund in die Verantwortung nimmt. Wenn aber ein wirksamer Kinderschutz erreicht werden soll, ist eine Fallzahlbegrenzung auch für den Berufs- und Vereinsvormund angezeigt.[194]

### 2.3.3.4 Verändertes Anforderungsprofil des (Amts-)Vormunds

Als das Reichsjugendwohlfahrtsgesetz von 1922 die gesetzliche Amtsvormundschaft für nichteheliche Kinder einführte, waren sie die Hauptgruppe der zu bevormundenden Kinder.[195] Weil die nichtehelichen Kinder i. d. R. bei ihren Müttern lebten, waren für den Amtsvormund weniger pädagogische als vielmehr verwaltungsrechtliche Kenntnisse vonnöten. Inzwischen hat sich das Bild gewandelt, die Amtsvormundschaft für nichteheliche Kinder wurde abgeschafft und bildet demgemäß heute nicht mehr den Schwerpunkt vormundschaftlicher Arbeit. Dennoch prägt sie bis heute das Selbstverständnis der Amtsvormünder. Klassisch ist derweil die bestellte Amtsvormundschaft. Dabei geht es um Kinder, deren Eltern die elterliche Sorge wegen Vernachlässigung, Gewalt und Misshandlung ganz oder teilweise entzogen wurde und die nicht mehr bei ihren Eltern leben.[196] Aufenthaltsbestimmung und Erziehungsverantwortung des Vormunds rücken damit in den Mittelpunkt seiner Tätigkeit.[197] In der Fachwelt findet sich zudem die Aussage, dass die persönlich geförderte und gewährleistete Pflege und Erziehung des Mündels bisher nicht zum Berufsbild des Amtsvormundes gehörte und daher neue Anforderungen an die

---

[190] Vgl. BR-Drs. 537/10 (Beschl.), S. 4; *Katzenstein*, JAmt 2010, S. 415.
[191] Vgl. BR-Drs. 537/10 (Beschl.), S. 4.
[192] Vgl. *Sünderhauf*, JAmt 2011, S. 294.
[193] *Sünderhauf*, JAmt 2011, S. 294; vgl. BT-Drs. 17/3617, S. 13f.; vgl. *Veit/Salgo*, ZKJ 2011, S. 83.
[194] *Katzenstein*, JAmt 2010, S. 414; *DIJuF*-Stellungnahme, S. 4.
[195] *Heider*, S. 190.
[196] *Zenz*, DAVorm 2000, S. 372.
[197] *Wiesner* in Wiesner 2006, § 55 Rdnr. 88.

Qualifikation des Amtsvormundes zu stellen seien.[198] Zumindest aber, dass die Anforderungen an die persönlichen Fähigkeiten und Kenntnisse im pädagogischen und rechtlichen Bereich immer diffiziler geworden seien.[199] Fraglich ist daher, ob hinsichtlich der Qualifizierung der Fachkräfte eine Monokultur von Verwaltungskräften noch ausreichend ist. Denn die Qualität des Vormunds ist von entscheidender Bedeutung für den künftigen Lebensweg der unter Vormundschaft stehenden Kinder.[200] Sie hängt nicht nur vom persönlichen Einsatz des Vormunds, sondern maßgeblich von der fachlichen Ausbildung der Amtsvormünder ab.[201] Gemäß § 72 Abs. 1 S. 1 SGB VIII sollen daher u. a. bei den Jugendämtern hauptberuflich nur Personen beschäftigt werden, die eine für die Aufgaben des Vormunds entsprechende Ausbildung haben, also Fachkräfte sind und sich für die jeweilige Aufgabe nach ihrer Persönlichkeit eignen oder aufgrund besonderer Erfahrungen in der sozialen Arbeit in der Lage sind, die Aufgaben zu erfüllen. Wenn Aufgabe die Wahrnehmung der elterlichen Sorge ist, erscheint es notwendig, dass solche Amtsvormünder, die ausschließlich eine verwaltungsrechtliche Ausbildung vorweisen, ergänzend in Sozialpädagogik, Psychologie und Soziologie fortgebildet werden und vice versa die sozialpädagogischen Fachkräfte zusätzlich spezifische Kenntnisse in den Bereichen Recht und Verwaltung erwerben müssen.[202] Eine allein verwaltungsrechtliche Ausbildung, wie in der Praxis noch immer weit verbreitet,[203] ist nicht mehr adäquat genug, um Zugang zum Mündel zu finden, mit ihm zu kommunizieren und seine Gedanken, Wünsche etc. zu verstehen.[204] Besonders auch vor dem Hintergrund, dass die bisher übliche Delegation persönlicher Mündelkontakte und pädagogischer Einschätzungen auf den ASD aufgegeben werden soll, sind neben einem Grundwissen über die Entwicklung und Erziehung von Kindern und Jugendlichen, insbesondere zu der Frage, auf welche Weise Fähigkeiten, Stärken und Interessen des Mündels erkannt und gefördert werden können, auch spezielle Kenntnisse in den Bereichen Kommunikationspsychologie, Gesprächsführung, sexuellem Missbrauch, Jugendkriminalität, Trauma nach Tod der Eltern, Umgang mit beson-

---

[198] DV-Stellungnahme, S. 5.
[199] *Christian*, DAVorm 1983, S. 193.
[200] *Christian*, DAVorm 1983, S. 193.
[201] *Roth*, DAVorm 1986, S. 15.
[202] *Salgo/Zenz*, FamRZ 2009, S. 1383; vgl. DFGT-Stellungnahme zum Referentenentwurf, S. 2; überregionaler Arbeitskreis, DAVorm 1999, S. 553.
[203] *Zenz*, DAVorm 2000, S. 370.
[204] *Salgo/Zenz*, FamRZ 2009, S. 1383.

ders aggressiven Kindern etc. essentiell.[205] Das gleiche Anforderungsprofil ist auch für den Einzelvormund erstrebenswert, erschwert aber die Suche nach ihnen zusätzlich.

---

[205] Überregionaler Arbeitskreis, DAVorm 1999, S. 553.

# 3 Empirische Untersuchung – Befragung der Jugendämter zur Praxis der Vormundschaft

## 3.1 Methodik

Um die Praxis der Vormundschaft zu evaluieren, wurde ein Fragebogen erstellt.[206] Die dort vorgegebenen Antwortmöglichkeiten dienten dazu, eine möglichst hohe Rücklaufquote zu generieren. Der Fragebogen wurde zusammen mit einem Begleitschreiben[207] Mitte Januar 2012 an alle Jugendämter in Niedersachsen und Bremen, somit an 62 Jugendämter, per E-Mail versendet.[208] Die Erhebung der Jugendämter erfolgte mittels einer von der Arbeitsgemeinschaft der Jugendämter der Länder Niedersachsen und Bremen (AGJÄ) bereitgestellten Übersicht im Internet.[209] Die Amtsvormünder wurden teilweise zur Situation vor und nach dem Inkrafttreten des Gesetzes zur Änderung des Vormundschafts- und Betreuungsrechts befragt. Dass das Gesetz in zwei Stufen in Kraft tritt, spielte für die Beantwortung keine entscheidende Rolle, was sich für den Bearbeiter des Fragebogens aus dem Sachzusammenhang ergab.

## 3.2 Rücklauf

Der Rücklauf zum Fragebogen beziffert sich auf insgesamt 48 Antworten (77,4 %). Dabei wurden 38 Fragebögen (61,3 %) - teilweise unvollständig - ausgefüllt und zurückgesendet. Flächenmäßig werden alle Regionen Niedersachsens sowie Bremen abgedeckt. Den erhaltenen Negativ-Antworten ist der Tenor zu entnehmen, dass aufgrund der allgemein herrschenden hohen Arbeitsbelastung der Fragebogen nicht beantwortet werden kann. Auf die Jugendämter, die nicht antworteten, kann dies transferiert werden. Damit bestätigt sich der in den theoretischen Untersuchungen suggerierte Eindruck, dass der Bereich der Vormundschaften durch einen hohen Arbeitsanfall gekennzeichnet ist. Ein Jugendamt gab an, die Trägerschaft der öffentlichen Jugendhilfe mit Wirkung zum 1. Januar 2012 abgegeben zu haben. Gleichwohl wurde seitens der Bearbeiter des Fragebogens ein hohes Interesse insbesondere an den Ergebnissen der Befragung bekundet. Informationen über die Praxis der

---

[206] Siehe Anlage 2 „Fragebogen Jugendamt".
[207] Siehe Anlage 1 „Begleitschreiben zum Fragebogen".
[208] Siehe Anlage 3 „Liste der angeschriebenen Jugendämter".
[209] *http://www.agjae.de/firmen/index.php?menuid=3&topmenu=3&keepmenu=inactive.*

Vormundschaft und den Status quo bezüglich der Umsetzung des Gesetzes zur Änderung des Vormundschafts- und Betreuungsrechts in fremden Behörden wird derzeit ein hoher Stellenwert beigemessen. Die Vermutung wird ferner durch die insgesamt recht hohe Zahl der zurückerhaltenen Fragebögen gestützt. Daraus ist auch zu schließen, dass der erarbeitete Fragebogen leicht verständlich war und sich insoweit keine Probleme bei der Beantwortung ergeben haben.

## 3.3 Exegese der Untersuchungsergebnisse

### Allgemeine Angaben

Die an der Befragung teilgenommenen Amtsvormünder blicken im Schnitt auf eine 6-jährige Berufserfahrung zurück.[210] Gerade einmal 18,2 % haben eine Berufserfahrung von weniger als 3 Jahren. Gut ein Drittel der befragten Vormünder (39,4 %) hat sogar eine Berufserfahrung von 10 Jahren und mehr, was belegt, dass die im Fragebogen zur Praxis der Vormundschaft gemachten Angaben aussagekräftig sind. Der überwiegende Teil der Amtsvormünder (43,2 %) ist 51 Jahre oder älter. Die Gruppe der 41- bis 50-jährigen macht 35,1 % aus. Interkommunal gesehen beträgt das Durchschnittsalter aller Amtsvormünder 44,4 Jahre.

### 1. Teil

Fragen 1a) und 1b)

Ein Großteil der Vormünder (75,0 %) gibt an, dass bereits vor dem Inkrafttreten des Gesetzes zur Änderung des Vormundschafts- und Betreuungsrechts Amtsvormund und ASD ihre Aufgaben wie gesetzlich vorgesehen wahrgenommen haben, dass tatsächlich also der Amtsvormund die Personen- und die Vermögenssorge ausübte und der ASD das Aufgabenspektrum rund um die Hilfen zur Erziehung abdeckte. 19,4 % teilen mit, dass der Vormund lediglich rechtliche Vertretung des Mündels war. Insoweit lag in den meisten Fällen eine rechtlich bedenkliche und von der Fachwelt vielfach kritisierte Delegation vormundschaftlicher Aufgaben auf den ASD nicht vor. Entsprechend dürfte sich auch vor der Reform schon der Vormund mit seinen Mündeln intensiver auseinandergesetzt haben als bisher angenommen, wenngleich eine persönli-

---

[210] Für die Berechnung der Berufserfahrung wurde der sog. Median aus 33 abgegebenen Antworten ermittelt. Der Median hat den Vorteil, dass er robuster gegenüber extrem abweichenden Werten ist.

che Beziehung zwischen Vormund und Mündel hierdurch nicht indiziert ist. Nur in einem Fall war der Vormund zugleich Mitarbeiter des ASD. Nach dem Inkrafttreten der Reform steigt der Anteil der gesetzlich vorgesehenen Aufgabenerledigung auf 92,1 %. Nirgendwo mehr wird der Vormund zugleich Mitarbeiter im ASD sein.

<u>Fragen 2a) und 2b)</u>

Danach gefragt, ob Vormünder nur mit der Führung von Vormundschaften bzw. Pflegschaften betraut sind oder zusätzlich auch Beistandschaften führen, ist hinsichtlich der Situation vor der Reform ein Gleichgewicht auszumachen. 48,6 % berichten, dass der Vormund nur mit Vormundschaften/Pflegschaften betraut war. 51,4 % nahmen zusätzlich noch Beistandschaften wahr. Nach der Reform ist das Ergebnis eindeutiger: 71,1 % aller Vormünder nehmen ausschließlich Vormundschaften war, nur noch 18,4 % werden weiterhin auch Beistandschaften führen. In vier Kommunen (10,5 %) sind neben Mischarbeitsplätzen auch solche Arbeitsplätze vorhanden, auf denen entweder Vormundschaften oder Beistandschaften geführt werden. Den umgekehrten Weg, weg von der Spezialisierung und hin zu Mischarbeitsplätzen, praktiziert keine Behörde.

Ohne dass nähere Angaben zu den Gründen der Aufgabentrennung verlangt wurden, hängt die organisatorische Trennung zugunsten einer eigenständigen Führung der Vormundschaften maßgeblich von einer Vielzahl von Einflussfaktoren ab. So erfordert eine spezialisierte Aufgabenwahrnehmung, dass genügend Vormundschaftsfälle vorhanden sind. Die Fallzahlen werden aber stark von der regionalen und sozialen Struktur innerhalb der Kommunen beeinflusst. Die Umsetzung einer organisatorischen Aufgabentrennung setzt auch personelle und finanzielle Kapazitäten voraus. Die Bedeutung der eigenständigen Führung der Vormundschaften zeigt sich sicherlich in der gesteigerten Qualität der Arbeit und nicht zuletzt in der Rollenklarheit für die Mitarbeiter.

<u>Fragen 3a) und 3b)</u>

In 22 von 38 Jugendämtern (57,9 %) wiesen vor der Neuordnung des Vormundschaftsrechts die Amtsvormünder eine verwaltungsrechtliche Ausbildung vor. Nur 15,8 % beschäftigten ausschließlich Sozialpädagogen.[211] 26,3 % setzten auf die Kompetenz beider Bereiche. Im Zuge der Gesetzesänderung werden künftig nur noch 23,7 % die Ausübung der Aufgaben des Amtsvormunds einzig einer Verwaltungskraft übertragen. 52,6 % werden Fachkräfte aus beiden Disziplinen in die Pflicht nehmen. 2 Kommunen haben sich dazu entschlossen, statt ausschließlich Verwaltungskräfte in Zukunft alleinig Sozialfachkräfte einzusetzen. Damit wird die Quote der Jugendämter, die nur Sozialfachkräfte verpflichten bei 23,7 % liegen. Schlussendlich wird deutlich, dass die meisten Ämter von einer aus Verwaltungsfachkräften bestehenden Monokultur zu einem Mix aus beiden Bereichen übergehen. Es ist davon auszugehen, dass es sich jeweils um Neueinstellungen handelt, da sich durch die Reform in den meisten Kommunen ein zusätzlicher Personalbedarf ergeben wird, welcher sich eben nicht dadurch decken lässt, dass sich die Mitarbeiter fortbilden.

## 2. Teil
Fragen 4 bis 6

Auf die Frage, ob das Jugendamt in der Öffentlichkeit zwecks Gewinnung geeigneter Vormünder werbend auftritt, antworteten 81,6 % mit „Nein". Soweit Werbemaßnahmen ergriffen werden, ist der am häufigsten gewählte Weg das persönliche Gespräch (5 von 7 Kommunen). 3 Behörden bedienen sich bei der Anwerbung - ggf. zusätzlich - eines freien Trägers. Paradoxerweise geben 47,4 % an, dass sie die Anwerbung von Einzelvormündern insgesamt für lohnenswert und empfehlenswert halten, also auch die Behörden, die faktisch keine Werbung unternehmen. Der Grund, warum sich die Jugendämter der Anwerbung aber verweigern, ist vor allem das Vorliegen zu schwieriger Vormundschaftsfälle, was vermuten lässt, dass Bereitschaft in der Bevölkerung bis zu einem gewissen Grad vorhanden ist, es in den meisten Fällen aber um verhaltensauffällige Kinder mit zu unseligen Viten geht. Ein Jugendamt berichtet gar von einer eigens hierzu durchgeführten Untersuchung, die bestätigt, dass es nur selten „geeignete" Fälle gibt, die einem ehrenamtlichen Einzelvormund übertragen werden könnten.

Daneben sind die Kosten, die nicht nur durch die Anwerbung sondern auch für die Einweisung der ehrenamtlichen Personen in die Aufgaben eines Vor-

---

[211] Sozialarbeit bzw. Personen mit besonderen Erfahrungen in der Sozialarbeit sind ebenso gemeint.

munds sowie für die laufende Begleitung und Beratung der Einzelvormünder anfallen, häufige Ablehnungsgründe der Jugendämter. Kein Jugendamt, das werbend auftritt, missbilligt die Anwerbung von Einzelvormündern. Ganz offensichtlich werden dort durchweg gute Erfahrungen gesammelt. Ein offener Dialog und Erfahrungsaustausch der Jugendämter untereinander könnte weitere Jugendämter ermutigen, die Anwerbung offensiver zu gestalten. Nach § 79 Abs. 2 SGB VIII ist das Jugendamt ohnehin zur Gewinnung neuer Vormünder verpflichtet.[212]

## Frage 7

Es stellt sich die Frage, inwieweit die Subsidiarität der Amtsvormundschaft praktiziert wird. Dazu wurden die Vormünder befragt, in wie viel Prozent der Fälle tatsächlich geprüft wird, ob ein geeigneter Einzelvormund, z. B. innerhalb der Familie oder Verwandtschaft, vorhanden ist, welcher anschließend nach § 53 Abs. 1 SGB VIII dem Familiengericht vorgeschlagen wird.[213] Die Spannbreite der Antworten reicht von 0 % bis 100 %. Durchschnittlich betrachtet erfolgt eine Prüfung in gerade einmal 32,8 % aller Fälle. Entsprechend selten dürften dem Familiengericht geeignete Personen vorgeschlagen werden. Dabei resultieren aus o. g. Norm zugleich ein Vorschlagsrecht und eine Vorschlagspflicht des Jugendamtes.[214] Dem wird vermutlich aber nur wenig Beachtung geschenkt, weil nicht nur das Jugendamt das Recht und die Pflicht hat, geeignete Personen zu suchen, sondern auch das Familiengericht selbst.[215] Auch weil sich aus der Vorschlagspflicht des Jugendamtes kein Recht des Familiengerichts ableiten lässt, nach Aufforderung eine geeignete Person vorgeschlagen zu bekommen.[216]

## Frage 8

In Ergänzung zu den Fragen 4 bis 7 sollte herausgefunden werden, ob der Berufsvormund in der Praxis eine Rolle spielt. Im Ergebnis hat für 73,7 % der berufliche Vormund keinerlei Gewicht. Nur für 10,5 % ist der Berufsvormund von erheblicher Relevanz. Diese Jugendämter befinden sich in den südlichen

---

[212] *Mollik/Opitz* in Kunkel, § 53 Rdnr. 1.
[213] § 53 Abs. 1 SGB VIII nennt zwar auch den Verein. Da die Subsidiarität der Amtsvormundschaft gegenüber der Vereinsvormundschaft jedoch streitig ist (s. Pkt. 2.2.2.4 bzw. Fn. 87) bleibt der Vereinsvormund unberücksichtigt.
[214] *Wiesner* in Wiesner, § 53 Rdnr. 4; *Münder u. a.* in FK-SGB VIII, § 53 Rdnr. 2; *Mollik/Opitz* in Kunkel, § 53 Rdnr. 1.
[215] *Wiesner* in Wiesner, § 53 Rdnr. 4; *Münder u. a.* in FK-SGB VIII, § 53 Rdnr. 3.
[216] *Wiesner* in Wiesner, § 53 Rdnr. 5.

Regionen Niedersachsens. Offensichtlich ist das Netzwerk niedergelassener Berufsvormünder hier enger gefasst. Wegen der Distanz ist es nicht sinnvoll, den Mündel einem Berufsvormund in einer entfernt liegenden Region anzuvertrauen, wenn in der eigenen Region keine Berufsvormünder vorhanden sind. Für weitere 15,8 %, die geographisch verstreut sind, ist der Berufsvormund von untergeordneter Bedeutung.

Wenn also nur wenige Jugendämter Werbung zur Förderung ehrenamtlicher Vormünder betreiben und im Einzelfall nur verhältnismäßig selten das Vorhandensein geeigneter Vormünder überprüft wird und schließlich weder der Vereinsvormund (wie unter Punkt 2.2.2.3 dargelegt) noch der Berufsvormund praktisch nahezu unbedeutend sind, so muss zwangsläufig der Bedarf über die Amtsvormundschaft gedeckt werden.

**3. Teil**

Fragen 9 und 10

Die charakteristische Aufgabe des Amtsvormundes ist es, Elternfunktionen wahrzunehmen.[217] Die Aufgabenwahrnehmung betreffend können sich besonders im Hilfeplanverfahren Schnittstellen zwischen Amtsvormund und ASD ergeben.[218] 50,0 % der Amtsvormünder sind jedoch der Meinung, dass Schnittstellenprobleme nicht oder nur sehr geringfügig vorhanden sind. Für die andere Hälfte ergeben sich Probleme z. T. in mehrfacher Hinsicht, vor allem den gegenseitigen Informationsaustausch (15 von 19 Jugendämtern) und die Abgrenzung der Aufgaben im Allgemeinen (11 von 19 Jugendämtern) betreffend. Das sich für 50,0 % der Vormünder keine bzw. nur marginale Schnittstellenprobleme ergeben, kann nicht ausnahmslos auf ein zugrunde liegendes Kooperationspapier zurückgeführt werden, denn die meisten (57,9 %) derjenigen, die keine Probleme sehen, haben derzeit kein die Zusammenarbeit zwischen den Bereichen Vormundschaft und ASD regelndes Kooperationspapier. Überhaupt liegt ein solches nur in 36,8 % aller Jugendämter vor. Weitere 36,8 % erarbeiten zurzeit ein Kooperationspapier bzw. einen Handlungsleitfaden oder planen ein solches zumindest für die Zukunft. Es kann von hier aus nur vermutet werden, dass die gute Zusammenarbeit auf die Organisation der Amtsvormundschaften als solches zurückzuführen ist. Ausgehend davon, dass besonders seit der Reform des Vormundschaftsrechts der überwiegende

---

[217] *Opitz*, JAmt 2001, S. 318.
[218] *Opitz*, JAmt 2001, S. 319.

Teil seine Aufgaben wie gesetzlich vorgesehen ausübt scheint sich aus dem Gesetz heraus und vor dem Hintergrund einer organisatorischen Trennung von Vormundschaften und Beistandschaften eine Rollenklarheit zu ergeben.

Dass ein Handlungsleitfaden oder Kooperationspapier für eine fortschrittliche Zusammenarbeit durchaus förderlich, aber nicht zwangsweise Grundvoraussetzung hierfür ist, wird auch dadurch belegt, dass 35,7 % derjenigen, die über ein ausgearbeitetes Kooperationspapier verfügen, dennoch von Schnittstellenproblemen berichten. Hier zeigt sich die Notwendigkeit einer laufenden Überarbeitung eines solchen Papiers und dass es jedem Mitarbeiter bekannt und frei zugänglich gemacht wird.

Frage 11

In Bezug auf mögliche Interessenkollisionen des Amtsvormunds führen 81,6 % der Vormünder an, dass ihnen Fälle, in denen ein Amtsvormund Widerspruch bzw. Klage gegen einen ablehnenden Bescheid des Jugendamtes erhoben hat, nicht bekannt sind. Gemutmaßt werden kann, dass sich Mitarbeiter scheuen, die Interessen des Mündels ggf. mittels Widerspruchserhebung oder gar auf gerichtlichem Wege gegenüber der eigenen Behörde durchzudrücken.

Fragen 12 und 13

Die durchweg positive Bewertung der Zusammenarbeit zwischen Vormund und ASD festigt das Bild einer florierenden Kooperation zwischen diesen beiden Bereichen. 27 Mal wurde die Zusammenarbeit mit „gut" bewertet. 5 Mal sogar mit „sehr gut". Als Schulnote ausgedrückt liegt der Durchschnitt bei 2,04. Hierzu trägt sicherlich partiell die Kooperationsvereinbarung bei, wenn sie u. a. eine frühzeitige Kontaktaufnahme und gegenseitige Information fordert. Auch die Bewertung der Zusammenarbeit mit fremden Jugendämtern fällt positiv aus. Der Notendurchschnitt liegt hier bei 2,83. Der Grund für die etwas schlechtere Bewertung ist wohl insbesondere in einem erschwerten interkommunalen Informationsaustausch bzw. längeren Informationswegen zu sehen.

## 4. Teil

### Fragen 14 und 15

Um zu ermitteln, wie hoch die individuelle Anzahl der zu betreuenden Vormundschaftsfälle in der Praxis ist, wurden die Vormünder befragt, wie viele Mündel ein Amtsvormund pro Vollzeitstelle durchschnittlich betreut. Das Resultat lautet etwa 71 Mündel vor Inkrafttreten der Reform. Das Spektrum reicht von 18 Mündel bis hin zu 120 Mündel. Zu berücksichtigen ist, dass in die Auswertung auch diejenigen Behörden eingeflossen sind, die zwar objektiv wenige Vormundschaften, aufgrund von Mischarbeitsplätzen dafür aber noch zusätzlich Beistandschaften führen. Ob eine hohe oder niedrige Fallzahl betreut wird, hängt auch unter Berücksichtigung einer etwaigen Aufgabentrennung von Vormundschaft und Beistandschaft weder von der Einwohnerzahl oder der Größe, noch von der geographischen Lage oder der Gemeindeart (Stadt oder Landkreis) ab. Dadurch bestätigt sich, dass die Fallzahl vielmehr mit der regionalen und sozialen Struktur der Kommune korreliert.

Tatsächlich wird sich nach der Reform die Fallzahl auf etwa 52 Mündel pro Amtsvormund und Vollzeitstelle reduzieren, was in etwa der gesetzlichen Vorgabe entspricht. Da davon auszugehen ist, dass nach wie vor selten geeignete Einzelvormünder zur Verfügung stehen, wird wohl der Bedarf an Fachkräften über neu geschaffene Stellen kompensiert werden. Dennoch bleibt die gesetzliche Fallzahl 50 wirklichkeitsfern, was viele Amtsvormünder genauso sehen. 52,8 % sprechen sich für eine Fallzahl von 40 aus, 25,0 % gar für eine Fallobergrenze von 30. Wenig frappieren mag, dass 16,7 % der Vormünder die gesetzliche Fallzahl von 50 für angemessen halten. Denn absolut betrachtet lag bei ihnen die bisherige Fallzahl deutlich über der gesetzlichen Vorgabe, nämlich zwischen 65 und 120 zu betreuenden Fällen. Für sie zeichnet sich gefühlt eine merkliche Entlastung ab.

### Fragen 16 und 17

Als mögliche Alternative zu den Hausbesuchen nutzen erwartungsgemäß 100 % bzw. 94,6 % das Telefon bzw. E-Mail, um regelmäßigen Kontakt zum Mündel zu pflegen. 89,2 % schreiben daneben auch Briefe. Alle drei Kommunikationsmittel werden altersübergreifend genutzt. Soziale Netzwerke würden lediglich 16,2 % der Amtsvormünder nutzen, die Hälfte von ihnen ist älter als 50 Jahre. Für viele Vormünder wird es eine Herausforderung sein, sich auf einen Kontakt z. B. über Facebook einzulassen. Grundsätzlich bieten sich alternative Kontaktwege besonders dann an, wenn Besuchskontakte seltener als einmal im Monat erfolgen. Sie können im Einzelfall geeignet sein, um eine wichtige Entscheidung vorzubereiten. Die Nutzung von E-Mail, Skype oder sozialen Netzwerken setzt jedoch voraus, dass das Kind diese technischen Einrichtungen auch sonst im Alltag zur Kommunikation nutzt und freien und ungehinderten Zugang dazu hat.[219] Die Dokumentation der Kontakte geschieht größtenteils mittels schriftlicher Vermerke. Nur vereinzelt erfolgt auch eine EDV-gestützte Speicherung.

## Frage 18

89,5 % teilen mit, dass die Umsetzung des Gesetzes zur Änderung des Vormundschafts- und Betreuungsrechts noch nicht voll abgeschlossen ist. Kennzeichnend hierfür werden aktuell die Umsetzungen und Neueinstellungen von Mitarbeitern, Abstimmungsgespräche mit dem Familiengericht z. B. hinsichtlich der Anforderungen an die Berichtspflicht[220] und Überlegungen zur Durchführung der Anhörung des Kindes[221] sein.

## Frage 19

Das Gesetz zur Änderung des Vormundschafts- und Betreuungsrechts halten 81,1 % im Ganzen für geeignet und sinnvoll, um den gesetzgeberischen Zielen gerecht werden zu können. Bei den Übrigen herrscht Konsens darüber, dass monatliche Besuchskontakte bei einer Fallzahl von 50 praxisfern und unter Umständen auch kontraproduktiv sind.

## Frage 20

Abschließend sollte in Erfahrung gebracht werden, welche spezifischen Probleme bei der Umsetzung der Gesetzesreform zu Tage treten. Behördenübergreifend wird einmal mehr die Pflicht zu i. d. R. monatlichen Besuchskontakten bemängelt, welche sehr zeitintensiv sind. Betroffen sind vor allem Jugendämter in ländlichen Gebieten. Auch die Organisation der Besuche an sich stellt die Behörden vor Schwierigkeiten. So werden seitens der Pflegeeltern all zu häufig vereinbarte Termine wieder abgesagt. Deutlich wird in diesem Zusammenhang, dass die Pflegeeltern keinen Besuch von Behörden wünschen. In jedem Fall ist eine gewisse Skepsis bei ihnen zu spüren, da Besuche des ge-

---

[219] *DIJuF*-Hinweise v. 14.10.2011, S. 16.
[220] § 1837 Abs. 2 S. 2 BGB.
[221] § 55 Abs. 2 S. 2 SGB VIII n. F.

setzlichen Vertreters neu für die Pflegeeltern sind. Demgegenüber sind Besuche in Kinder- und Jugendhilfeeinrichtungen relativ unproblematisch. Viele Kinder können darüber hinaus nur nachmittags oder außerhalb der regulären Arbeitszeit besucht werden, da sie sich in der Schule oder dem Kindergarten befinden und in Freizeitvereinen aktiv sind. Damit die Terminvereinbarung als solches nicht zu viel Zeit in Anspruch nimmt, empfiehlt es sich, gleich vor Ort einen Termin für das nächste Treffen abzustimmen. Weiterhin entsteht bei den Vormündern und Fachkräften des ASD ein Konkurrenzdenken, da Vormünder durch die jetzt intensiven Kontakte eine persönlichere Beziehung zum Kind aufbauen und besser über das Kind informiert sind als der ASD. Einigen Kollegen im ASD fällt das noch schwer. Unerprobt ist dazu die Umsetzung des § 55 Abs. 2 S. 2 SGB VIII n. F., der die Anhörung des Kindes vor Übertragung der Amtsvormundschaft auf einen einzelnen Mitarbeiter des Jugendamtes dekretiert, jedenfalls soweit dies nach Alter und Entwicklungsstand des Kindes tunlich ist. Durch die Anhörung soll das Kind die Möglichkeit haben, sich zur Auswahl eines Vormunds äußern zu dürfen.[222] Die Stellung des Mündels als Subjekt des Verfahrens wird hierdurch verdeutlicht, daher ist eine Anhörung selbst dann nicht entbehrlich, wenn aufgrund personeller Engpässe eine Auswahlmöglichkeit faktisch nicht besteht.[223] Die Anhörung löst aber Unbehagen bei den potenziellen Fachkräften aus, wenn bei ihnen das Gefühl entsteht, sie würden sich in einer Art Auswahlverfahren des Mündels befinden, welcher schlussendlich das Kriterium der Sympathie zu Grunde legt. Dabei war schon vor der Reform eine Anhörung des Kindes geboten, sie ist i. w. S. in § 8 Abs. 1 S. 1 SGB VIII impliziert, welcher besagt, dass Kinder entsprechend ihrem Entwicklungsstand an allen sie betreffenden Entscheidungen der öffentlichen Jugendhilfe zu beteiligen sind.[224] Weil sich die Bewerbungsverfahren für die neuen Vormünder über einen zu langen Zeitraum erstrecken oder Stellen noch nicht ausgeschrieben sind, kann schließlich der Personalbedarf nicht rechtzeitig bis zum Inkrafttreten des § 55 Abs. 2 SGB VIII n. F. gedeckt werden. Außerdem entsteht durch die Umsetzungen und Neueinstellungen sowie durch die Trennung der Aufgabenbereiche Vormundschaften und Beistandschaften ein völlig neues Mitarbeiter-Team, das erst noch zusammenwachsen muss. Durch zusätzliches Personal herrscht zudem Raumnot, weil nicht ausreichend Bürofläche vorhanden ist.

---

[222] *DIJuF*-Stellungnahme, S. 7.
[223] BT-Drs. 17/3617, S. 8.
[224] *Hoffmann*, FamRZ 2011, S. 254.

# 4 Schlussbetrachtungen

## 4.1 Zusammenfassung

Die Vormundschaft ist eine archaische Fürsorgeinstitution.[225] Sie ist von einer ursprünglich rein familiären Angelegenheit zu einem zersplitterten Rechtsinstitut degeneriert, denn stand in früherer Zeit die Vormundschaft dem Familien- und Verwandtschaftsverband in vollem Umfang zu, klafften tatsächliche Personensorge, rechtliche Vertretung des Mündels und die Aufsicht über die Führung der Vormundschaft nach und nach auseinander. Nur am Prinzip der Einzelvormundschaft wird noch heute festgehalten. Seit die Vormundschaft für Volljährige aufgehoben und durch das Rechtsinstitut der Betreuung surrogiert wurde, gibt es die Vormundschaft nur noch für Minderjährige. Der Substanz nach ist das Vormundschaftsrecht für Minderjährige seit Inkrafttreten des BGB nicht verändert worden.

Die Voraussetzungen, die für eine Vormundschaft vorliegen müssen, regelt das BGB. Es sind verschiedene Arten der Vormundschaft denkbar. Gegenüber der Einzelvormundschaft sind die Amts-, Berufs- und Vereinsvormundschaft jedoch subsidiär. Gleichwohl werden die meisten Vormundschaften heute als Amtsvormundschaft geführt. Wesentliche Ursache ist die Schwierigkeit, geeignete Einzelvormünder zu finden, die dieses Amt freiwillig als Ehrenamt führen. Soll dem Vorrang der ehrenamtlichen Einzelvormundschaft Geltung verschafft werden, muss die Anwerbung stärker in den Blickpunkt der Jugendämter rücken. An die Eignung des Vormunds jedoch werden bestimmte Anforderungen geknüpft.

Im Rahmen der Amtsvormundschaft stellt der Amtsvormund, der die elterliche Sorge ersetzt, beim Allgemeinen Sozialen Dienst Anträge auf Hilfe zur Erziehung. Er ist an Stelle der Kindeseltern hierfür der Leistungsberechtigte. Damit steht sich das Jugendamt als Leistungsgewährender und Leistungsempfänger selbst gegenüber. Ergo wird der gegenseitige Kontrollmechanismus ausgeschaltet, denn nicht die Eltern kontrollieren die Aufgabenerfüllung des Jugendamtes, sondern das Jugendamt kontrolliert sich selber.[226] Das kann sich unter Umständen besonders dann zum Nachteil der Mündel auswirken, wenn

---

[225] *Mutke*, S. 8; *Zenz* in Zitelmann/Schweppe/Zenz, S. 13; *Hohloch*, § 29 Rdnr. 1016; *Hansbauer* in Hansbauer, S. 13.
[226] *DIJuF*, JAmt 2012, S. 37

der Vormund Interessenkonflikten ausgesetzt ist. Wegen der Verzahnung der Aufgaben des Vormunds mit denen des ASD ergeben sich zudem Schnittstellenprobleme. Die Zusammenarbeit zwischen den Bereichen Vormundschaft und Sozialer Dienst bedarf somit der Regelung. Daher sind mittels Kooperationsvereinbarungen Schnittstellen zu definieren und Aufgaben abzugrenzen.

Mit der Amtsvormundschaft ging zudem das Problem einher, dass sich der Amtsvormund aufgrund hoher Fallzahlen auf die rechtliche Vertretung des Mündels beschränkte. Er sah sich nicht imstande, eine persönliche Beziehung zu seinen Mündeln aufzubauen. Im Rahmen einer Gesetzesnovellierung werden daher zwei wesentliche, im bisherigen Gesetz nur latente Komponenten gestärkt, nämlich die persönliche Beziehung des Vormunds zum Mündel und die persönliche Verantwortung des Vormunds für sein Mündel. Erreicht werden soll das durch im Regelfall monatliche Besuchskontakte und für die Amtsvormundschaft zusätzlich durch eine auf 50 Vormundschaften pro Amtsvormund und Vollzeitstelle begrenzte Fallzahl. Da die beiden Kernelemente nicht miteinander harmonisieren, wird Kritik aus der Praxis laut. Dessen ungeachtet verändert die persönliche geführte Vormundschaft das bisherige Aufgabenprofil und Selbstverständnis des Amtsvormunds. So verlangt die künftig enge Beziehung zum Mündel neben verwaltungsrechtlichen Kenntnissen auch Kenntnisse im sozialpädagogischen Bereich.


## 4.2 Fazit

Der Bereich der Vormundschaft ist in der Vergangenheit unfreiwillig in den Fokus politischer, gesellschaftlicher und fachlicher Diskussionen gerückt. Als politische Reaktion auf den Fall Kevin wurde im letzten Jahr das Gesetz zur Änderung des Vormundschafts- und Betreuungsrechts verabschiedet.[227] Bei diesem Gesetz handelt es sich nur partiell um Neuerungen im Vormundschaftsrecht, überwiegend wurden die Vorschriften im BGB und SGB VIII zugunsten eines weiter verbesserten Kinderschutzes modifiziert oder lediglich explizit hervorgehoben.[228] Die aktuelle Reform wird gleichwohl große Auswirkungen auf die praktische Tätigkeit des Amtsvormunds haben. Es besteht aber die Gefahr, dass andere wichtige Aufgaben des Vormunds, die durch die Reform nicht akzentuiert werden, schnell aus dem Blick geraten und an Be-

---

[227] BR-Drs. 537/10, S. 3; *DIJuF*, JAmt 2012, S. 37.
[228] *Diederichsen* in Palandt, Einführung vor § 1793 Rdnr. 3; *Hoffmann*, FamRZ 2011, S. 1186; DW-EKD-Stellungnahme, S. 2.

deutung einbüßen.[229] Darüber hinaus ist offensichtlich der Pragmatismus in einigen Punkten außer Acht gelassen worden. Dabei hatten Fachverbände hinsichtlich der Reform einen höchstmöglichen Umsetzungsgrad für die Praxis angemahnt.[230] Exemplarisch sei die Frage angeführt, wie die Wahrnehmung der festgeschriebenen monatlichen Mündelkontakte sichergestellt werden kann, ohne gleichzeitig die übrigen vormundschaftlichen Aufgaben, wie die Teilnahme an Hilfeplankonferenzen, Regelung finanzieller Mündelangelegenheiten, Wahrnehmung von Gerichtsterminen, Fortbildungen etc. zu vernachlässigen.

Unzweifelhaft bleibt, dass der Vormund seinen gesetzlichen Aufgaben nicht nachkommt, wenn er sich vollends auf Dritte verlässt, anstatt sich ein eigenes Bild von den Lebensumständen des Mündels zu machen.[231] Wenn der Amtsvormund zudem seine Mündel in den verschiedenen Einrichtungen besucht, kann er die Einrichtungen besser kennen lernen und sein Wunsch- und Wahlrecht nach § 5 SGB VIII besser ausüben. Da das Familiengericht kein Zwangsgeld gegen das Jugendamt festsetzen kann[232] und das Gericht auch sonst nur wenig Handlungsalternativen hat, um den Amtsvormund zur Einhaltung der persönlichen Kontakte anzuhalten, erweist sich die schlichte Aufsicht des Familiengerichts über das Einhalten der persönlichen Kontakte vielleicht als wirkungslos.[233] Antworten hierzu wird die Praxis liefern. Für Amtsvormünder kann es darüber hinaus sinnvoll sein, eine technische Ausstattung zu erhalten - Mobiltelefon, Fax, Fotokamera - da die Vormünder durch die ständigen Außentermine in ihren Büros persönlich und telefonisch nur schwer zu erreichen sind. Kommunen sollten in Betracht ziehen, Haushaltsmittel zu veranschlagen, welche z. B. für die Konfirmation und den Geburtstag der Kinder oder für den Besuch des Eiscafés verwendet werden können.

Die Fallzahlbegrenzung zieht einen erheblichen Personalbedarf nach sich.[234] Dadurch, dass die Jugendämter eine Gewährleistungsverpflichtung nach § 79 SGB VIII haben, tragen Sie die Verantwortung dafür, durch Neueinstellungen und Umsetzungen ausreichend Personal für das Führen von Vormundschaf-

---

[229] DW-EKD-Stellungnahme, S. 2.
[230] DV-Stellungnahme, S. 2.
[231] *Salgo/Zenz*, FamRZ 2009, S. 1383.
[232] § 1837 Abs. 3 S. 2 BGB.
[233] *Wagenitz* in MüKo, § 1793 Rdnr. 48.
[234] BT-Drs. 17/3617, S. 2.

ten vorzuhalten.[235] Eine höhere Fallzahl als 50 Vormundschaften pro Amtsvormund und Vollzeitstelle kann nach Inkrafttreten des § 55 Abs. 2 S. 4 SGB VIII n. F. unter Umständen eine strafrechtliche Verantwortung der Jugendamtsleitung rechtfertigen, wenn Pflichtverletzungen des Amtsvormunds dem Mündel Schaden zufügen.[236]

Zu beanstanden ist, dass sich das Gesetz in keinerlei Hinsicht den rechtlichen und praktischen Problemen bei der Auswahl eines Vormundes widmet. Verbesserte Regelungen zur Subsidiarität der Amtsvormundschaft enthält das Gesetz ebenso wenig wie Maßnahmen, die die Gewinnung von ehrenamtlichen Einzelvormündern noch stärker fördern.[237] Dabei hat die Umfrage in der Praxis gezeigt, dass die Anwerbung von Vormündern nur mäßig vorangetrieben wird. Das Ziel, die Einzelvormundschaft zu beleben, ist so bis heute kaum verwirklicht.[238] Hingegen können die Probleme, die durch die Doppelfunktion des Jugendamtes entstehen, nicht durch Gesetz gesteuert werden. Vielmehr sind hier die Jugendämter gefordert, im Rahmen ihrer Organisationshoheit durch strukturelle Maßnahmen und dem Beibringen von Handlungsleitfäden, Kooperationsvereinbarungen etc. eine optimale Zusammenarbeit zwischen den Bereichen Vormundschaft und Sozialer Dienst sicherzustellen. Nur die *SPD* sah hier den Gesetzgeber in der Pflicht und zog sogar in Betracht, den Bereich der Amtsvormundschaft aus der Behörde auszulagern und zu verselbstständigen.[239]

Insgesamt ist festzustellen, dass das Vormundschaftsrecht in vielen Punkten verbessert wurde. Andere Punkte wiederum bedürfen der Anpassung bzw. Nachbesserung. Hierfür ist eine große Reform bereits angekündigt.[240] Es ist zu hoffen, dass die Diskussion um Standards im Vormundschaftsbereich noch länger anhält. Die notwendigen Impulse dazu muss die Praxis liefern. Nur so kann das Vormundschaftswesen auch künftig im Interesse der Mündel weiter entwickelt werden.

---

[235] Hoffmann, FamRZ 2011, S. 1187.
[236] *DIJuF*-Stellungnahme v. 15.06.2011, S. 5; *Hoffmann*, ZKJ 2007, S. 389.
[237] DV-Stellungnahme, S. 2; AGJ-Stellungnahme, S. 3; DW-EKD-Stellungnahme, S. 2.
[238] *Wiesner* in Wiesner, § 53 Rdnr. 6.
[239] BT-Drs. 17/2411, S. 5.
[240] *Katzenstein*, JAmt 2010, S. 414

# 5  Anhang

Anlage 1: Begleitschreiben zum Fragebogen


An die
Jugendämter
in Niedersachsen und Bremen


Ganderkesee, 12.01.2012


**Fragebogen im Rahmen meiner Diplomarbeit**


Sehr geehrte Damen und Herren,

als Kreisinspektor-Anwärter des Studienjahrgangs 2009 (Dienstherr: Landkreis Osterholz) habe ich im Rahmen der Laufbahnprüfung eine Diplomarbeit
anzufertigen. Ich habe mich für das Thema *„Aktuelle Probleme des Vormundschaftsrechts unter besonderer Berücksichtigung des Gesetzes zur Änderung
des Vormundschafts- und Betreuungsrechts"* entschieden. Die Diplomarbeit
soll regelmäßig auch einen praktischen Bezug aufweisen. Hierzu bin ich auf
Ihre Unterstützung angewiesen.

Fälle von Kindesmisshandlungen und –vernachlässigungen haben in der Vergangenheit Gesellschaft, Politik und die Fachwelt veranlasst, Diskussionen
über etwaige Defizite im Vormundschaftsbereich zu führen. Defizite gibt es
aber trotz oder gerade wegen der jüngsten Reform immer noch in vielerlei
Hinsicht.

In meiner Diplomarbeit behandele ich schwerpunktmäßig die rechtlichen und
praktischen Probleme bei der Auswahl eines Vormundes, Probleme der Doppelfunktion des Jugendamtes (das Jugendamt als Leistungsbehörde einer-
seits und als Vormundschaftsbehörde andererseits) sowie das Gesetz zur
Änderung des Vormundschafts- und Betreuungsrechts vom 29. Juni 2011.

Hieran orientiert sich im Wesentlichen der Aufbau des von mir entworfenen
und in der Anlage beigefügten Fragebogens. Zweck des Fragebogens ist es,
Erkenntnisse aus der Praxis zu den o. g. Schwerpunktthemen zu gewinnen.

Ich wäre Ihnen daher dankbar, wenn Sie sich die Zeit nehmen und den Fragebogen ausfüllen und bis zum **27. Januar 2012** per E-Mail an mich zurück-
senden.

Für Ihre Unterstützung bedanke ich mich im Voraus recht herzlich bei Ihnen.

Mit freundlichen Grüßen


Torben Spille

| Fragebogen Jugendamt |
| --- |

**H I N W E I S E:**

1. Alle Angaben werden streng vertraulich behandelt und nur anonymisiert verarbeitet. Es erfolgt <u>keine</u> Speicherung auf Datenträgern.

2. Nach Benotung der Diplomarbeit werden sämtliche Unterlagen bezüglich der Befragung vernichtet.

3. Es ist vorgesehen, dass pro Jugendamt nur ein Amtsvormund[241] diesen Fragebogen beantwortet.

4. **Bitte jeweils nur eine Antwortmöglichkeit ankreuzen, sofern nicht ausdrücklich Mehrfachnennungen möglich sind.**

5. Für kritische Anmerkungen und/oder Ergänzungen bin ich Ihnen sehr dankbar.

6. Nach dem Ausfüllen speichern Sie das Dokument bitte auf Ihren PC ab. Ersetzen Sie dazu im Dateinamen das Wort „Jugendamt" durch den Namen Ihres Dienstherrn. Anschließend versenden Sie das Dokument bitte an \*\*\*\*\*\*\*\*\*\*\*.

| Allgemeine Angaben |
| --- |

Ihr Dienstherr:

Ihr Alter: ☐ **20 - 30** Jahre. ☐ **31 - 40** Jahre. ☐ **41 - 50** Jahre. ☐ **51 Jahre und älter.**

Durchschnittsalter aller Amtsvormünder in Ihrem Jugendamt: Jahre. *(ggf. bitte schätzen)*.

Ihre Berufserfahrung als Amtsvormund: Jahre.

| 1. Teil: Organisation der Amtsvormundschaften |
| --- |

1. **Wie sind/waren die Amtsvormundschaften[242] in Ihrem Jugendamt organisiert ...**

a) ... *vor Inkrafttreten des Gesetzes zur Änderung des Vormundschafts- und Betreuungsrechts?*

☐ Der ASD[243] nimmt die Vormundschaften in Personalunion wahr.

☐ Der ASD übernimmt die Personensorge, der Amtsvormund die Vermögenssorge.

---

[241] Die in diesem Fragebogen aus Vereinfachungsgründen gewählte männliche Form steht analog für die weibliche.
[242] Zur besseren Lesbarkeit wird in diesem Fragebogen der Begriff Amtsvormundschaft verwendet. Gleichwohl ist auch die Amtspflegschaft gemeint.
[243] Allgemeiner Sozialer Dienst. Wenn in diesem Fragebogen der ASD erwähnt wird, ist alternativ auch das Amt für Soziale Dienste (AfSD) oder der Pflegekinderdienst gemeint.

☐ Der Amtsvormund ist ausschließlich rechtliche Vertretung des Mündels (z. B. Einwilligung in eine OP), alles Übrige bleibt dem Mitarbeiter im ASD überlassen.

☐ Amtsvormund und ASD üben „ihre" Aufgaben wie gesetzlich vorgesehen aus.

☐ Sonstiges:

b) *... **nach** Inkrafttreten des Gesetzes zur Änderung des Vormundschafts- und Betreuungsrechts?*

☐ Der ASD nimmt die Vormundschaften in Personalunion wahr.

☐ Der ASD übernimmt die Personensorge, der Amtsvormund die Vermögenssorge.

☐ Der Amtsvormund ist ausschließlich rechtliche Vertretung des Mündels (z. B. Einwilligung in eine OP), alles Übrige bleibt dem Mitarbeiter im ASD überlassen.

☐ Amtsvormund und ASD üben „ihre" Aufgaben wie gesetzlich vorgesehen aus.

☐ Sonstiges:

**2. Findet in Ihrem Jugendamt eine „Spezialisierung" als Vormund statt oder nehmen Amtsvormünder auch Beistandschaften wahr?**

a) *Situation **vor** Inkrafttreten des Gesetzes zur Änderung des Vormundschafts- und Betreuungsrechts.*

☐ „Spezialisierung" als Amtsvormund.

☐ Amtsvormünder nehmen auch Beistandschaften wahr.

b) *Situation **nach** Inkrafttreten des Gesetzes zur Änderung des Vormundschafts- und Betreuungsrechts.*

☐ „Spezialisierung" als Amtsvormund.

☐ Amtsvormünder nehmen auch Beistandschaften wahr.

3. **Welche Ausbildung bzw. fachliche Qualifikation weisen die Amtsvormün-der in Ihrem Jugendamt vor ...** *(Mehrfachnennungen möglich).*

a) *... vor Inkrafttreten des Gesetzes zur Änderung des Vormundschafts- und Betreuungsrechts?*

☐ Sozialpädagogen / Sozialarbeiter / Personen mit besonderen Erfahrungen in der sozialen Arbeit.
☐ Verwaltungswirte/Verwaltungsfachkräfte.
☐ Sonstige:

b) *... **nach** Inkrafttreten des Gesetzes zur Änderung des Vormundschafts- und Betreuungsrechts?*

☐ Sozialpädagogen / Sozialarbeiter / Personen mit besonderen Erfahrungen in der sozialen Arbeit.
☐ Verwaltungswirte/Verwaltungsfachkräfte.
☐ Sonstige:

**2. Teil:** Rechtliche und praktische Probleme bei der Auswahl eines Vormundes

4. **Tritt Ihr Jugendamt in der breiten Öffentlichkeit werbend auf, um geeignete Personen bzw. Vereine für die Übernahme von Vormundschaften zu gewinnen (§ 79 Abs. 2 S. 1 SGB VIII)?**

☐ **Ja.**         ☐ **Nein.** *(weiter bei Frage 6).*

5. **In welcher Form geschieht dies?** *(Mehrfachnennungen möglich).*

☐ Das Jugendamt selbst tritt werbend auf ...
     ☐ durch Printmedien (Werbezettel, Informationsbroschüren etc.).
     ☐ in einem persönlichen Gespräch.
     ☐ Sonstiges:
☐ Die Anwerbung von Einzelvormündern ist an einen freien Träger abgegeben.
☐ Sonstiges:

6. **Ist die Anwerbung von Einzelvormündern aus Ihrer Sicht lohnenswert und empfehlenswert?**

☐ **Ja**.

☐ **Nein**, weil ... *(Mehrfachnennungen möglich)*.

    ☐ die Gewinnung von Einzelvormündern steht nicht im Verhältnis zu den Kosten für die Anwerbung.

    ☐ in der Praxis geht es oft um schwierige Fälle; diese können oder wollen nicht von einem ehrenamtlichen Einzelvormund übernommen werden.

    ☐ Sonstiges:

7. **Bitte schätzen Sie: In wie viel % aller Fälle wird im Einzelfall tatsächlich geprüft (Amtsvormund oder ASD), ob ein geeigneter Einzelvormund vorhanden ist (§ 53 Abs. 1 SGB VIII)?**

*Antwort:*      %.

8. **Spielt der Berufsvormund in der Praxis Ihres Jugendamtes eine Rolle?**

☐ **Ja**, eine wichtige Rolle.      ☐ **Ja**, aber eine untergeordnete Rolle.

☐ **Nein**.

---

**3. Teil:** Antagonistische Pole des Jugendamtes - Probleme der Doppelfunktion

---

9. **Sind aus Ihrer Sicht Schnittstellenprobleme zwischen Amtsvormund und ASD vorhanden und wenn ja, wo?** *(Mehrfachnennungen möglich)*.

☐ **Nein**, keine bzw. nur marginale Probleme.

☐ **Ja**, in Bezug auf den gegenseitigen Informationsaustausch.

☐ **Ja**, die Regelung der Umgangskontakte betreffend.

☐ **Ja**, Abgrenzung der Aufgaben im Allgemeinen.

☐ **Ja**,

10. Gibt es ein Kooperationspapier/Handlungsleitfaden, welches/r die Zuständigkeiten und Aufgaben der Bereiche Amtsvormundschaften und ASD klar regelt?

☐ **Ja**, ein solches/r ist …
    ☐ bereits vorhanden.
    ☐ zurzeit in Arbeit.
    ☐ für die Zukunft geplant.
☐ **Nein.**


11. Sind Ihnen aus der Praxis Fälle bekannt, in denen ein Amtsvormund Widerspruch bzw. Klage gegen einen ablehnenden Bescheid des Jugendamtes erhoben hat?

☐ **Ja.**        ☐ **Nein.**


12. Wie bewerten Sie insgesamt die Zusammenarbeit zwischen Amtsvormundschaft und ASD in Ihrem Jugendamt?

☐ sehr gut.      ☐ befriedigend.      ☐ mangelhaft.*
☐ gut.      ☐ ausreichend.      ☐ ungenügend.*

*bitte kurz erläutern.


13. Wie bewerten Sie insgesamt die Zusammenarbeit zwischen Amtsvormundschaft und anderen Jugendämtern?

☐ sehr gut.      ☐ befriedigend.      ☐ mangelhaft.*
☐ gut.      ☐ ausreichend.      ☐ ungenügend.*

*bitte kurz erläutern.

**14. Wie viele Mündel betreut ein Amtsvormund in Ihrem Jugendamt pro Vollzeitstelle im Durchschnitt …**

a)  … *vor* *Inkrafttreten des Gesetzes zur Änderung des Vormundschafts- und Betreuungsrechts?*

   *Antwort*:          Mündel.

b)  … *nach* *Inkrafttreten des Gesetzes zur Änderung des Vormundschafts- und Betreuungsrechts?*

   *Antwort*:          Mündel.

**15. Welche Fallzahlobergrenze pro Amtsvormund (Vollzeitstelle; bei Wahrnehmung keiner sonstigen Aufgaben, z. B. Beistandschaften) halten Sie für angemessen, damit den gesetzlichen Aufgaben eines Amtsvormunds in vollem Umfang entsprochen werden kann?**

☐ 30          ☐ 40          ☐ 50          ☐ Sonstige:

**16. Welche alternativen Kontaktwege zum Mündel nutzen Sie bereits bzw. werden Sie zukünftig nutzen?** *(Mehrfachnennungen möglich).*

☐ Telefon.          ☐ Skype.          ☐ Brief.
☐ E-Mail.          ☐ Soziale Netzwerke *(z. B. Facebook).*  ☐ Sonstige:

**17. Wie erfolgt die Dokumentation?**

   *Antwort:*

18. Ist die Umsetzung des Gesetzes zur Änderung des Vormundschafts- und Betreuungsrechts in Ihrem Jugendamt bereits voll abgeschlossen (einschließlich §§ 1837 Abs. 2 BGB nF, 55 Abs. 2, 3 SGB VIII nF)?

    ☐ Ja.          ☐ Nein.

19. Halten Sie das Gesetz zur Änderung des Vormundschafts- und Betreuungsrechts insgesamt für geeignet und sinnvoll, um den gesetzgeberischen Zielen gerecht werden zu können?

    ☐ Ja.          ☐ Nein, weil          *(bitte kurz erläutern)*.

20. Bitte legen Sie kurz dar, welche Probleme es bei der Umsetzung des Gesetzes zur Änderung des Vormundschafts- und Betreuungsrechts aktuell in Ihrem Jugendamt gibt bzw. welche Probleme sich aus Ihrer Sicht noch ergeben könnten/werden. Sehen Sie, bezogen auf Ihr Jugendamt, weiteren Reformbedarf?

Raum für Anmerkungen und/oder Ergänzungen

*Vielen Dank für Ihre Unterstützung!*

Anlage 3: Liste der angeschriebenen Jugendämter

| Nr. | Behörde | Nr. | Behörde |
|-----|---------|-----|---------|
| 1 | Landeshauptstadt Hannover Fachbereich Jugend und Familie | 22 | Landkreis Lüneburg Jugendamt |
| 2 | Landkreis Ammerland Jugendamt | 23 | Landkreis Nienburg/Weser Jugendamt |
| 3 | Landkreis Aurich Jugendamt | 24 | Landkreis Northeim Jugendamt |
| 4 | Landkreis Celle Jugendamt | 25 | Landkreis Oldenburg Jugendamt |
| 5 | Landkreis Cloppenburg Jugendamt | 26 | Landkreis Osnabrück Jugendamt |
| 6 | Landkreis Cuxhaven Jugendamt | 27 | Landkreis Osterholz Jugendamt |
| 7 | Landkreis Diepholz Fachdienst Jugend | 28 | Landkreis Osterode Jugendamt |
| 8 | Landkreis Emsland Jugendamt | 29 | Landkreis Peine Fachdienst Jugend |
| 9 | Landkreis Friesland Fachbereich Jugend und Familie | 30 | Landkreis Rotenburg/Wümme Jugendamt |
| 10 | Landkreis Gifhorn Jugendamt | 31 | Landkreis Schaumburg Jugendamt |
| 11 | Landkreis Goslar Jugendamt | 32 | Landkreis Stade Jugendamt |
| 12 | Landkreis Grafschaft Bentheim Fachbereich Familie und Bildung | 33 | Landkreis Uelzen Jugendamt |
| 13 | Landkreis Göttingen Jugendamt | 34 | Landkreis Vechta Jugendamt |
| 14 | Landkreis Hameln-Pyrmont Dezernat Jugend und Soziales | 35 | Landkreis Verden Jugendamt |
| 15 | Landkreis Harburg Abteilung Jugend und Familie | 36 | Landkreis Wesermarsch Jugendamt |
| 16 | Landkreis Heidekreis Fachbereich Kinder, Jugend und Familie | 37 | Landkreis Wittmund Jugendamt |
| 17 | Landkreis Helmstedt Jugendamt | 38 | Landkreis Wolfenbüttel Jugendamt |
| 18 | Landkreis Hildesheim Jugendamt | 39 | Region Hannover Jugendamt |
| 19 | Landkreis Holzminden Jugendamt | 40 | Stadt Burgdorf Jugendamt |
| 20 | Landkreis Leer Jugendamt | 41 | Stadt Braunschweig Fachbereich Kinder, Jugend und Familie |
| 21 | Landkreis Lüchow-Dannenberg Jugendamt | 42 | Stadt Bremen Amt für Soziale Dienste |

| Nr. | Behörde | Nr. | Behörde |
|---|---|---|---|
| 43 | Stadt Bremerhaven<br>Amt für Jugend und Familie | 53 | Stadt Lingen<br>Amt für Kinder, Jugend und Familie |
| 44 | Stadt Buxtehude<br>Amt für Soziales und Jugend | 54 | Stadt Lüneburg<br>Fachbereich Jugend und Soziales |
| 45 | Stadt Celle<br>Jugend- und Sozialamt | 55 | Stadt Nordhorn<br>Jugendamt |
| 46 | Stadt Delmenhorst<br>Jugendamt | 56 | Stadt Oldenburg<br>Amt für Jugend, Familie und Schule |
| 47 | Stadt Emden<br>Fachbereich Jugend, Schule und Sport | 57 | Stadt Osnabrück<br>Fachbereich für Kinder, Jugendliche und Familie |
| 48 | Stadt Göttingen<br>Jugendamt | 58 | Stadt Salzgitter<br>Jugendamt |
| 49 | Stadt Hildesheim<br>Fachbereich Soziales, Jugend und Wohnen | 59 | Stadt Springe<br>Schul-, Sport- und Jugendamt |
| 50 | Stadt Laatzen<br>Jugendamt | 60 | Stadt Stade<br>Fachbereich Jugend, Soziales und Ordnung |
| 51 | Stadt Langenhagen<br>Fachbereich Jugend, Familie und Soziales | 61 | Stadt Wilhelmshaven<br>Jugendamt |
| 52 | Stadt Lehrte<br>Jugendamt | 62 | Stadt Wolfsburg<br>Geschäftsbereich Jugend |

**Der Autor**

Torben Spille wurde 1981 in Bremen geboren. Nach Erwerb der Allgemeinen Hochschulreife und einer Berufsausbildung zum Industriekaufmann, entschied sich der Autor zu einem dualen Studium in der öffentlichen Verwaltung. Dieses Studium der Verwaltungsbetriebswirtschaft und des Verwaltungsrechts an der Kommunalen Hochschule für Verwaltung in Niedersachsen, Hannover, schloss der Autor im Jahr 2012 mit dem akademischen Grad des Diplom-Verwaltungsbetriebswirts erfolgreich ab. Bereits während der praktischen Ausbildungszeit im Jugendamt des Landkreises Osterholz in Niedersachsen entwickelte der Autor sein besonderes Interesse am Vormundschaftsrecht. Der Autor ist heute als Amtsvormund/-pfleger beim Landkreis Osterholz tätig.

www.ingramcontent.com/pod-product-compliance
Lightning Source LLC
Chambersburg PA
CBHW050927030726
47586CB00005B/1571